同济博士论丛
TONGJI Dissertation Series
总主编 伍 江 副总主编 雷星晖

秦 瑛 霍佳震 著

基于需求转移的客运收益管理问题研究

Passenger Revenue Management Problems Based on Demand Diversion

同济大学出版社
TONGJI UNIVERSITY PRESS

内 容 提 要

本书介绍了不同的市场环境下基于需求转移的单航段的收益管理，竞争的市场环境下基于需求转移的航空公司座位分配博弈问题；并将垄断环境下基于需求转移的收益管理拓展到了高速铁路的排程问题。最后，基于竞争的市场环境，综合研究了收益管理与航空公司的机型分配问题。

本书可供产业管理相关专业师生及研究人员参考，对于相关政府管理部门工作人员也有学习参考的价值。

图书在版编目(CIP)数据

基于需求转移的客运收益管理问题研究 / 秦瑛，霍佳震著. —上海：同济大学出版社，2018.12
(同济博士论丛 / 伍江总主编)
ISBN 978-7-5608-8255-0

Ⅰ.①基… Ⅱ.①秦… ②霍… Ⅲ.①航空运输—旅客运输—收益—研究 Ⅳ.①F560.83

中国版本图书馆 CIP 数据核字(2018)第 281627 号

基于需求转移的客运收益管理问题研究

秦 瑛 霍佳震 著

出 品 人 华春荣 责任编辑 熊磊丽

责任校对 徐春莲 封面设计 陈益平

出版发行 同济大学出版社 www.tongjipress.com.cn

(地址：上海市四平路 1239 号 邮编：200092 电话：021-65985622)

经 销 全国各地新华书店

排版制作 南京展望文化发展有限公司

印 刷 浙江广育爱多印务有限公司

开 本 787 mm×1092 mm 1/16

印 张 11.25

字 数 225 000

版 次 2018 年 12 月第 1 版 2018 年 12 月第 1 次印刷

书 号 ISBN 978-7-5608-8255-0

定 价 58.00 元

“同济博士论丛”编写领导小组

“同济博士论丛”编辑委员会

总　序

在同济大学110周年华诞之际，喜闻"同济博士论丛"将正式出版发行，倍感欣慰。记得在100周年校庆时，我曾以《百年同济，大学对社会的承诺》为题作了演讲，如今看到付梓的"同济博士论丛"，我想这就是大学对社会承诺的一种体现。这110部学术著作不仅包含了同济大学近10年100多位优秀博士研究生的学术科研成果，也展现了同济大学围绕国家战略开展学科建设、发展自我特色，向建设世界一流大学的目标迈出的坚实步伐。

坐落于东海之滨的同济大学，历经110年历史风云，承古续今、汇聚东西，秉持"与祖国同行、以科教济世"的理念，发扬自强不息、追求卓越的精神，在复兴中华的征程中同舟共济、砥砺前行，谱写了一幅幅辉煌壮美的篇章。创校至今，同济大学培养了数十万工作在祖国各条战线上的人才，包括人们常提到的贝时璋、李国豪、裘法祖、吴孟超等一批著名教授。正是这些专家学者培养了一代又一代的博士研究生，薪火相传，将同济大学的科学研究和学科建设一步步推向高峰。

大学有其社会责任，她的社会责任就是融入国家的创新体系之中，成为国家创新战略的实践者。党的十八大以来，以习近平同志为核心的党中央高度重视科技创新，对实施创新驱动发展战略作出一系列重大决策部署。党的十八届五中全会把创新发展作为五大发展理念之首，强调创新是引领发展的第一动力，要求充分发挥科技创新在全面创新中的引领作用。要把创新驱动发展作为国家的优先战略，以科技创新为核心带动全面创新，以体制机制改革激发创新活力，以高效率的创新体系支撑高水平的创新型国家建设。作为人才培养和科技创新的重要平台，大学是国家创新体系的重要组成部分。同济大学理当围绕国家战略目标的实现，作出更大的贡献。

大学的根本任务是培养人才，同济大学走出了一条特色鲜明的道路。无论是本科教育、研究生教育，还是这些年摸索总结出的导师制、人才培养特区，“卓越人才培养”的做法取得了很好的成绩。聚焦创新驱动转型发展战略，同济大学推进科研管理体系改革和重大科研基地平台建设。以贯穿人才培养全过程的一流创新创业教育助力创新驱动发展战略，实现创新创业教育的全覆盖，培养具有一流创新力、组织力和行动力的卓越人才。“同济博士论丛”的出版不仅是对同济大学人才培养成果的集中展示，更将进一步推动同济大学围绕国家战略开展学科建设、发展自我特色、明确大学定位、培养创新人才。

面对新形势、新任务、新挑战，我们必须增强忧患意识，扎根中国大地，朝着建设世界一流大学的目标，深化改革，勠力前行！

万　钢

2017 年 5 月

论丛前言

承古续今，汇聚东西，百年同济秉持"与祖国同行、以科教济世"的理念，注重人才培养、科学研究、社会服务、文化传承创新和国际合作交流，自强不息，追求卓越。特别是近20年来，同济大学坚持把论文写在祖国的大地上，各学科都培养了一大批博士优秀人才，发表了数以千计的学术研究论文。这些论文不但反映了同济大学培养人才能力和学术研究的水平，而且也促进了学科的发展和国家的建设。多年来，我一直希望能有机会将我们同济大学的优秀博士论文集中整理，分类出版，让更多的读者获得分享。值此同济大学110周年校庆之际，在学校的支持下，"同济博士论丛"得以顺利出版。

"同济博士论丛"的出版组织工作启动于2016年9月，计划在同济大学110周年校庆之际出版110部同济大学的优秀博士论文。我们在数千篇博士论文中，聚焦于2005—2016年十多年间的优秀博士学位论文430余篇，经各院系征询，导师和博士积极响应并同意，遴选出近170篇，涵盖了同济的大部分学科：土木工程、城乡规划学(含建筑、风景园林)、海洋科学、交通运输工程、车辆工程、环境科学与工程、数学、材料工程、测绘科学与工程、机械工程、计算机科学与技术、医学、工程管理、哲学等。作为"同济博士论丛"出版工程的开端，在校庆之际首批集中出版110余部，其余也将陆续出版。

博士学位论文是反映博士研究生培养质量的重要方面。同济大学一直将立德树人作为根本任务，把培养高素质人才摆在首位，认真探索全面提高博士研究生质量的有效途径和机制。因此，"同济博士论丛"的出版集中展示同济大学博士研究生培养与科研成果，体现对同济大学学术文化的传承。

“同济博士论丛”作为重要的科研文献资源，系统、全面、具体地反映了同济大学各学科专业前沿领域的科研成果和发展状况。它的出版是扩大传播同济科研成果和学术影响力的重要途径。博士论文的研究对象中不少是“国家自然科学基金”等科研基金资助的项目，具有明确的创新性和学术性，具有极高的学术价值，对我国的经济、文化、社会发展具有一定的理论和实践指导意义。

“同济博士论丛”的出版，将会调动同济广大科研人员的积极性，促进多学科学术交流、加速人才的发掘和人才的成长，有助于提高同济在国内外的竞争力，为实现同济大学扎根中国大地，建设世界一流大学的目标愿景做好基础性工作。

虽然同济已经发展成为一所特色鲜明、具有国际影响力的综合性、研究型大学，但与世界一流大学之间仍然存在着一定差距。“同济博士论丛”所反映的学术水平需要不断提高，同时在很短的时间内编辑出版110余部著作，必然存在一些不足之处，恳请广大学者，特别是有关专家提出批评，为提高同济人才培养质量和同济的学科建设提供宝贵意见。

最后感谢研究生院、出版社以及各院系的协作与支持。希望“同济博士论丛”能持续出版，并借助新媒体以电子书、知识库等多种方式呈现，以期成为展现同济学术成果、服务社会的一个可持续的出版品牌。为继续扎根中国大地，培育卓越英才，建设世界一流大学服务。

伍　江

2017年5月

前言

随着中国经济的高速发展，城市间往来越来越密切，快速客运交通成为人们出行的首选。客运交通方式主要包括高速公路运输、民航运输和铁路运输等。但公路运输因为拥堵、环保和安全等问题饱受诟病，人们更加青睐民航及高铁运输。为了满足日益增长的出行需求，近几年来，中国大力发展民航和高速铁路交通。虽然有强劲的需求，但航空公司及高铁线路亏损的报道却时常见诸报端。如何充分利用有限的民航和高铁资源使企业收益最大化，是企业亟须解决的难题。收益管理正是这样一种谋求收益最大化的经营管理技术，它通过需求管理以实现向不同需求的顾客提供不同价格的产品，从而获得最大的收益。

同时，网络技术的发展使信息变得更加透明，乘客在购票时可以获取足够多的产品信息，做出的选择行为更加多样化。在互联网环境下，需求会在不同的产品间发生转移，所以，乘客需求将变得更加复杂和不确定。收益管理必须要考虑需求的转移特征才能更好地管理需求，所以，基于需求转移的收益管理正成为互联网环境下增加收益的关键。

本书就是在此基础上开展的研究，主要工作包括以下几个方面：

首先，研究了不同的市场环境下，基于需求转移的单航段的收益管理。在我国的民航市场中，因为轴辐式网络尚未形成，多数的航线仍是点对点直达航班。而且从收益管理理论的发展轨迹来看，网络的收益管理理论基本是单航段的扩展，所以，研究单航段的收益管理仍然十分必要。垄断的市场环境下，乘客在预订机票时的需求会在航空公司提供的不同产品间转移，这种需求转移行为会影响航空公司的存量控制决策。本书以航空公司收益最大化为目标函数，建立了综合考虑需求双向转移的多等级机票存量控制静态模型，证明了转移概率与价格比之间的关系，改进了 FRAT5(50% Sell-up Fare Ratio) 曲线并将其应用在需求双向转移的多销售阶段模型中，还给出了降级购买概率的定量计算公式。数值模拟算例表明，与不考虑需求转移或只考虑需求单向转移的模型相比，考虑需求双向转移的存量控制策略所取得的收益会有显著增加。

其次，研究了竞争的市场环境下基于需求转移的航空公司座位分配博弈问题。竞争环境下的座位分配不但要考虑乘客需求在同一航空公司不同价格等级间的转移，同时还要考虑在不同航空公司产品间的转移。本书建立了一个动态模型来描述座位分配的重复竞争博弈，博弈方在每一轮博弈时决定是否停止销售低价票，即低价票的停止点。证明了在绝不宽恕的触发策略下存在子博弈完美纳什均衡路径。分析结果和数值算例表明，在考虑需求多向转移情况下，应为高价票保留更多的座位，同时还揭示了最佳停止点随转移概率的变化规律以及总期望收益随应对策略的变化趋势。

再次，将垄断环境下基于需求转移的收益管理拓展到了高速铁路的排程问题研究中。随着我国高铁的迅速发展，越来越多的人开始选择高铁出行，特别是京沪高铁需求持续旺盛。在资源有限的情况下，高铁也同样面临着提高收益的管理问题。以京沪高铁为例，研究了一个多阶段、多等级铁路客运收益管理问题。当乘客的需求在不同阶段、不同等级间转移时，通过优化京沪高铁的排程，解决何时发车、停靠沿途哪些站点以及如何分配座位的问题。为了解决这些问题，本书首先提出了一个基于旅程的基本模型。但因为该问题比较复杂，求解非常耗时，为此提出了一个基于分解模型的两阶段启发式算法。计算结果表明，该算法能在较短的时间内得到比基本模型更优的解。同时，通过与遗传算法的结果进行的对比，证明了两阶段启发式算法在所有算例中得到的解均明显优于遗传算法。

最后，基于竞争的市场环境，综合研究了收益管理与航空公司的机型分配问题。已有的机型分配模型中，收益管理部分的表述比较简单，不能反映竞争环境下收益管理系统的复杂性。本书引入基于乘客离散选择行为的收益管理模型，该模型用 GAM(General Attraction Model)刻画需求的转移和挽回，同时，GAM 还能灵敏地反映市场的竞争情况。在此基础上，提出了收益管理与机型分配的综合模型 CFAM(Choice-based Fleet Assignment Model)。还证明了两个经典的模型 BFAM (Basic Fleet Assignment Model) 和 IFAM (Itinerary-based Fleet Assignment Model)分别对应着 CFAM 的两个极端情况，它们会对实际情况造成过低和过高的估计。利用中国某大型航空公司的数据对模型进行了检验和对比，结果证明，CFAM 能提供更优的机型分配方案，平均利润将增加 1%左右。

除了上述工作外，本书还指出了该领域一些值得进一步研究的前沿问题。

目 录

第1章 引　言

收益管理是运筹学在管理中成功应用的一个重要领域，也是当今管理科学研究的难点和热点之一。本章为引言，内容结构安排如下：1.1 节给出本书研究的背景与相关基本概念，并回顾收益管理的研究进展；1.2 节中简要介绍本书的研究内容；1.3 节指出本书研究的理论意义和实践意义；最后，1.4 节给出本书的结构框架。

1.1 研究背景

1.1.1 城市间客运交通发展迅速

随着中国经济的高速发展，城市间往来越来越密切。快速客运交通成为人们出行的首选，客运交通的方式主要包括高速公路运输、民航运输和铁路运输等。但公路运输因为交通拥堵、环保和安全等问题频发，人们更加青睐民航及高铁运输。为了满足日益增长的需求，近几年来，中国大力发展民航和高速铁路交通。

从 1990 年开始，随着我国经济的快速发展，民航业发展迅速。1990 年，我国的航线条数仅为 437 条，旅客周转量 230 万人公里，民用飞机的数量在 500 架左右，通航的国家和城市分别为 24 个和 94 个。经过 20 多年的发展，截至 2014 年底，我国共有定期航班航线 3 142 条，航线里程为 463.72 万公里。定期航班国内通航城市 198 个（不含香港、澳门和台湾），国际通航国家 48 个，颁证运输机场 202 个。表 1－1 列出了我国 1990—2014 年的 20 多年间一些主要年份的民用航空航线的主要生产指标和市场规模。在最近的 20 多年间，我国的航空业经历了一个快速发展期。特别是近几年，我国航空旅客的吞吐量仍以每年超过 10%的速度增长，有巨大的潜力。图 1－1 和图 1－2 分别描述的是 2010—2014 年间的航空旅客吞吐量和增长率及航空公司运力投入和增长率[1]，从这两幅图可以看出，自 2010 年起，我国民航运输旅客人数每年呈 10%左右的速度在增长，投入的运力也以相应的速度在增加。2014 年，在世界经济复苏放缓、国内经济下行压力较大的情况下，我国公民对民航运输的需求仍然保持着平稳快速的增长。

表 1－1　中国主要年份民用航空航线及飞机架数统计（1990—2014 年）

指　标	单 位	1990 年	2000 年	2010 年	2011 年	2012 年	2014 年
定期航班航线条数	条	437	1 165	1 880	2 290	2 457	3 142
国际航线	条	44	133	302	443	381	490
通航国家	个	24	33	54	58	52	48
国内航线	条	385	1 032	1 578	1 847	2 076	2 652
通航城市	个	94	139	175	178	180	198
定期航班航线里程	万公里	50.7	150.3	276.5	349.1	328	463.72
国际航线	万公里	16.6	50.8	107	149.4	128.5	176.72
国内航线	万公里	32.9	99.5	169.5	199.6	199.5	287
旅客运输量	万人次	1 660	6 722	26 769	—	31 936	39 195
定期航班通航城市	个	94	139	175	178	180	198
民用运输飞机	架	204	527	1 597	1 764	1 941	2 370

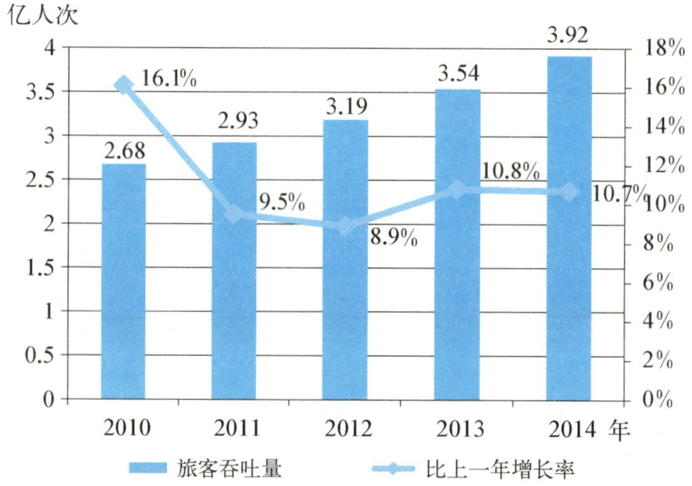

图 1-1 2010—2014 年民航旅客运输量及增长率

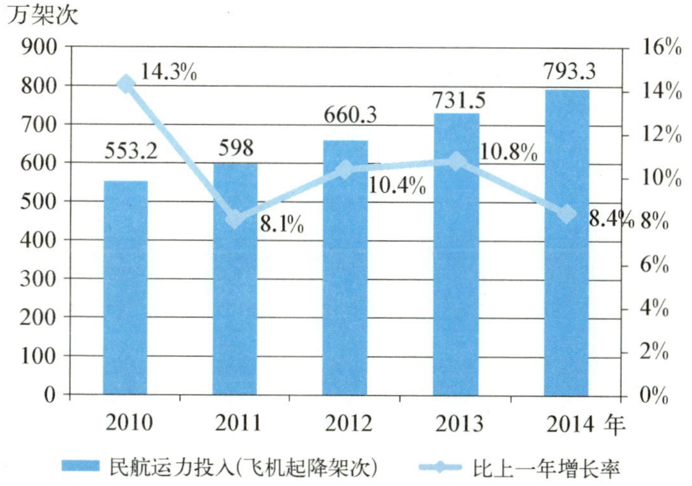

图 1-2 2010—2014 年民航运力投入及增长率

在民航业快速发展的同时，我国的铁路建设尤其是高铁建设也取得了巨大成就。为了适应经济的快速发展和社会进步，我国在 2004 年提出了解决人们出行难的问题，在国家铁路建设上，覆盖全国范围的“四纵四横”高铁网络已经基本形成，连通珠海、长三角等地的客运专线也将于 2020 年建设完成。截至2014年，全世界共有16个国家建设高速铁路，其建设总里程及分布见图1-3。其中，中国建设高铁总里程超过了1.5万公里，约占世界高铁总里程的60%以上。根据国务院调整后的《中长期铁路网规划》，到2015年底，中国高速铁路运营里程达到1.9万公里，快速客运网基本覆盖中国各省省会及50万以上人口城市[2]。

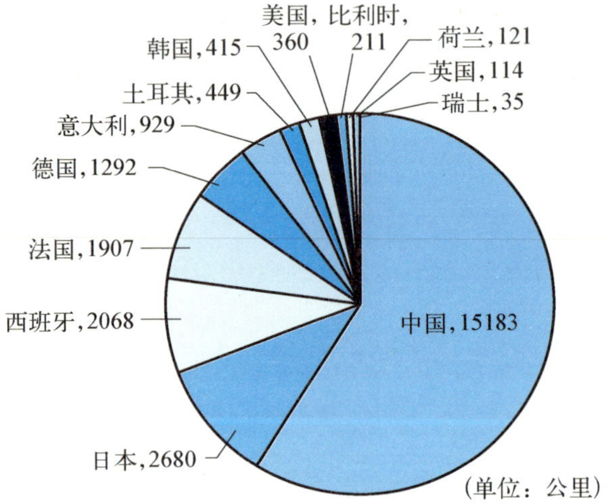

图1-3　世界各国高铁运营里程

2014年，为了提高高铁客车的载客率，满足乘客的出行需求，铁路部门尝试实行日常、周末和高峰"三档"不同运行图。其中，周末运行图，以周五至周日为期限；高峰期运行图，以春暑运、黄金周、小长假为期限。此外，根据铁道部统计中心发布的数据，2010年以来，我国铁路旅客发送量不断创新高，高铁发送的旅客量在铁路总发送旅客量的占比逐年递增。2014年，高铁发送旅客人数达到了8.72亿人，占铁路总旅客量的37%(图1-4)[3]。随着我国经济与铁路现代化建设的快速发展，人民生活水平的不断提高，铁路发送量也必将持续增长。

在我国经济现代化快速发展的背景下，旅客对快速交通尤其是民航和高铁的需求将不断提高。如何充分利用有限的民航和高铁资源，不断提高

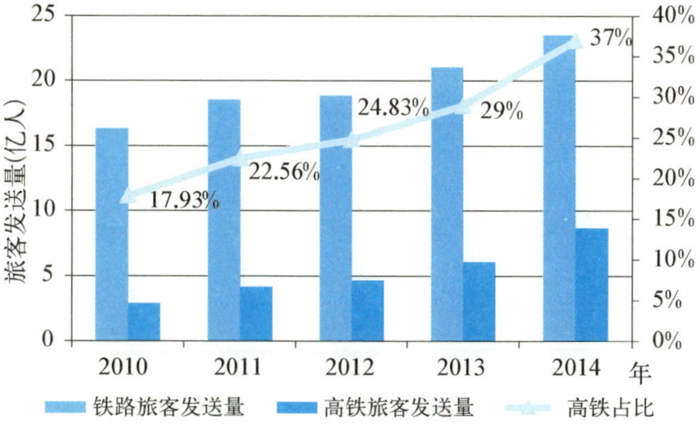

图 1-4 铁路及高铁发送旅客量统计(2010—2014 年)

客载率和收益,是企业亟须解决的问题。收益管理正是这样一种谋求收入最大化的经营管理技术,它通过把产品按不同的价格适时地卖给不同类型的顾客,从而获得最大的收益。第一个大型的收益管理系统就应用在美国的北美航空公司,带来了年收入上亿美元的增长。法国国营铁路实施了一个复杂的铁路预订和分配系统,包括收益管理系统、调度计划编制系统和运输能力调整系统,使得每年收益增加 1 700 万欧元。中国的航空公司及铁路运营部门也在收益管理上进行了有益的尝试,并感受到了收益管理带来的巨大收益。但收益管理的技术在日新月异地发展,而中国的收益管理系统相对比较落后。本研究就是针对这种情况,借助收益管理的最新理念探讨中国民航和高铁如何高效地利用现有资源实现收益的最大化。

1.1.2 乘客选择行为更加复杂

网络技术使信息变得更加透明,顾客在购票时可以获取足够多的产品信息,依据自己的偏好做出的选择行为更加多样化。

互联网给交通行业带来了巨大的发展机遇,可是也改变了行业的经营环境,对收益管理的运营策略提出了很大的挑战。收益管理本质上是一种实施价格歧视的管理方法，通过对市场需求进行细分，向不同的需求提供不同价格的产品。但互联网降低了交易双方的信息不对称性，乘客对产品数据的获得变得更加便捷和容易，这大大增加了信息的透明度，导致了收益管理理论的实施环境发生了巨大的变化。这种变化主要体现在信息透明增大了顾客选择的余地。

传统的收益管理中，市场细分是一个关键举措，也是实施收益管理的前提之一。最常见的细分方法，是按照旅客出行的目的把旅客划分为商务旅客和休闲旅客[4]。航空公司或旅行社通过对这两类旅客提供不同的信息，达到差别定价的目的。但是，网络这一平台能向所有的顾客提供包括价格、机型、时刻等航班信息，无论是商务旅客还是休闲旅客，都能够得到这些信息。商务旅客观察到低价票可订的情况下改变决策，购买低价票；休闲旅客到达时发现低价票已关闭，会提高心理支付意愿，购买高价票。旅客需求在不同价格等级间的转移称为需求的纵向转移，包括降级购买(buy-down)和升级购买(buy-up)。

另外，我国的航空公司之间属于服务近似同质的状况，乘客品牌忠诚度较低。互联网将这些近似同质的企业放在同一平台上，为乘客对比其服务、价格、品牌、时刻等属性创造了客观条件。因此，在互联网的环境下，乘客更改航空公司的行为将会更加普遍，航空公司之间的竞争也将变得更加激烈和白热化。如乘客原本想购买航空公司 A 的折扣票，但是通过信息的查询和比较，最终选择了航空公司 B 的折扣票。需求在不同航空公司间的转移称为需求的横向转移。需求的横向转移将促使航空公司在做收益管理决策的时候，不仅要考虑自身的需求预测，还必须考虑竞争对手在需求预测中的影响，在竞争的环境中求得最优的存量控制决策。对于高铁运营方来说，需求的横向转移体现在不同列车车次间的转移。

收益管理实践中一直在关注消费者行为，但为了降低建模的复杂度，很多学者往往会通过假设来屏蔽过于复杂的消费者行为。在收益管理初期的研究基本都使用了 Littlewood(1972)[5]提出的六大假设：① 不同产品的需求按照价格由低到高顺序到达；② 不同产品的需求量是相互独立的随机变量，某等级的需求量与容量控制策略无关，也不依赖于其他级别的容量数；③ 各票价等级的需求之间具有统计独立性；④ 不考虑取消订票、购票不等级等情况，即不考虑超订问题；⑤ 无批量订票情况，即不会发生一个顾客同时订购多个产品(团体订购)的情况；⑥ 不考虑多种资源的网络影响。这些假设在近期的收益管理研究中逐步被放松，但旅客的复杂行为在建模时仍然没有得到应有的重视。

收益管理的核心技术包括动态定价和存量控制，而在我国因为航空产品的定价要遵循指导价格，而高铁的定价要同时兼顾公益性，对定价的研究牵涉的层面比较复杂，且频繁地调整价格也会引起乘客的不满，所以本书重点研究的是收益管理中的存量控制。如果不做特别说明，本书以后提到的收益管理均是指收益管理中的存量控制。收益管理技术旨在通过动态地控制产品或服务在不同价格等级间的数量分配来管理需求，现在已经被广泛应用于具有容量相对固定、产品或服务价值易逝等特征的行业，如民航、设备租赁、餐饮、医院、体育赛事、货物运输、通信、零售、制造、旅游等服务性行业。

目前，大量关于收益管理的研究和应用中对消费者行为的重视程度还不够，虽然一些文献考虑了消费者的行为，但是往往用简单的模型假设来描述这些行为。多数文献还假设消费者只会被动地接受企业的控制策略，忽略了他们在决策过程中的主动性[6]。然而，现实中面对复杂的市场环境，顾客对效用的估值往往受多种因素影响，例如出行时间、消费者品牌偏好、产品提供方的存量控制策略、竞争对手提供的产品及其价格等[7]。当顾客的感知效用发生变化时，就会发生复杂的订购行为。因此，收益管理研究中考虑消费者行为有着重要的理论意义和现实需求。

在众多的复杂行为中，需求转移(Demand Diversion)行为是非常典型的一种，其广泛存在于消费者购买决策中。理解消费者购买决策过程，并对消费者复杂行为进行正确建模已经成为成功实施收益管理的关键。本书将提出消费者复杂行为下的收益管理问题，同时将基于旅客选择行为的收益管理与企业的其他运营决策综合起来考虑，并为航空公司和高铁的运营方在复杂的网络环境下的科学决策提供依据，使收益达到最优。

本书的内容安排如下：在第 2 章中，对收益管理的理论研究及应用研究进行详细的综述；在第 3 章和第 4 章中，对收益管理的理论研究做了拓展，分别研究了基于需求转移的垄断和竞争环境下的收益管理策略；在第 5 章和第 6 章中，重点从收益管理的应用角度展开，分别将垄断市场环境下基于需求转移的收益管理的理论应用于高铁运输中，解决高铁排程及席位分配的问题，同时，还对竞争环境下收益管理与航空公司机型分配进行了综合研究；最后，在第 7 章，给出了本书的总结与展望。

1.2 研究内容

正如上文所介绍的，存量控制是收益管理的核心问题，它要解决的问题是要向不同细分市场提供多少数量的什么产品，以使得收益达到最大化。存量控制本身就是一个复杂的决策问题。

在互联网环境下，乘客能够更加方便地获取机票、航班甚至机票存量的信息，信息的透明导致顾客在进行购买决策时的复杂行为。在存量控制中加入乘客的选择行为将使问题更加复杂难解，但这正是当下存量控制研究的热点和难点。在垄断的市场环境下，乘客的需求转移主要体现在乘客的原始需求得不到满足时的“降级购买”和“升级购买”的行为，通常的做法是依据历史数据推断需求在不同价格等级间的转移率，利用转移率来刻画乘客的需求转移现象。在竞争的市场环境下，尤其是互联网的运用，使得乘客的需求不光在同一航空公司提供的产品内部转移，还会在不同的航空公司间的可替代品间转移。在这种情况下用转移率来描述需求的纵向和横向转移的复杂行为显得力不从心，于是，学者们提出用离散的选择行为模型来描述这一现象，并建立起了基于选择行为的收益管理模型。基于选择行为的收益管理模型虽然能更准确地反映乘客的选择行为，但是其计算却非常耗时。两种模型各有利弊，需求转移模型不够准确，但是计算简单易于实施，很多航空公司的舱位控制中仍在使用；离散选择模型更贴合实际，但是需要进行较长时间的运算，有时甚至得不到满意的解。

所以，现在收益管理关注的焦点首先是如何构建准确且高效的乘客行为模型，其次是在此基础上，建立基于乘客行为的收益管理模型，最后还要将以上理论应用于企业实践，并与企业的其他运营管理问题相结合，实现企业整体收益的最大化。基于此，本书研究了基于乘客行为的收益管理问题，取得了一定的研究成果。

本书的各章主要内容如下：

第3章主要研究垄断市场环境下乘客需求双向转移的存量控制优化问题。假设航空市场为垄断市场，所有乘客只购买给定航线上单程票。如前面所述，乘客在预订机票时，需求会在不同等级票价间转移：当目标低价票关闭后，一部分低等级需求会升级购买，形成新的高等级需求。另一方面，有一些高等级需求当看到低价票可得时也会转而降级购买，形成新的低等级需求，降级购买行为发生的原因就是机票限制的取消。这种行为会影响航空公司的存量控制决策，航空公司在制定决策时必须考虑乘客的需求转移现象。假定航空公司的舱位开放策略遵循嵌套价格结构，同时开放低价票和高价票。机票关闭遵循从低到高的顺序，且一旦关闭，在剩下的销售时间内将不再开放。在此假设下，本书以航空公司收益最大化为目标函数，建立了综合考虑需求双向转移的多等级机票的存量控制静态模型。

本书在上述模型的基础上，分析了航空公司的最优控制策略。目标函数是关于保护水平的凹函数，给出了各等级保护水平的计算公式。同时证明了转移概率同价格比之间的相关性，当高等级价格和低等级价格比较大，即两等级价格差别较大时，降级购买的概率会增加，升级购买的概率会降低；反之亦然。这说明合理的价格组合是决定转移概率的一个重要因素。同时我们还改进了 FRAT5(50% Sell-up Fare Ratio)曲线，将其应用在需求双向转移的多销售期间静态模型中，并给出了降级购买概率的定量计算公式。数值模拟算例表明，考虑乘客需求双向转移行为的存量控制策略所取得的收益会有显著增加。

第 4 章提出了竞争环境下基于需求转移的航空公司座位分配博弈模型。竞争环境下的座位分配不但要考虑乘客需求在同一航空公司不同价格等级间的转移，同时还要考虑在不同航空公司产品间的转移。本书在博弈理论的框架下，进行模型描述和假定，建立了一个动态模型来描述座位分配的重复竞争博弈，博弈方在每一轮博弈时决定是否停止销售低价票，即低价票的停止点。假定动态博弈遵循的是绝不宽恕的触发策略，即一旦博弈的一方选择在某一阶段停止销售低价票，那么在接下来的时间内就不允许再次开放低价票。在这一假设前提下，对重复博弈模型进行分析和比较，得到了在绝不宽恕的触发策略下子博弈完美纳什均衡路径。

分析结果和数值算例表明，在竞争的市场环境下，当考虑需求在不同产品和不同航空公司间多向转移时，要有更多的座位保留给高价票。算例分析还揭示了最佳停止点随转移概率的变化规律：如弹性旅客的比例越高，即价格敏感的休闲旅客越多，最佳停止点保留给高价票的座位数越少；如忠诚顾客比例越高，停止点越靠近起飞时间，即保留给高价票的座位数要更多。最后讨论了总期望收益的变化趋势并为航空公司实施座位分配策略提出了一些建议。

第 5 章将垄断市场环境下的基于需求转移的收益管理模型应用于高铁排程中，研究了多阶段、多等级铁路客运收益管理问题。这个问题是收益管理在铁路客运中的应用研究。随着我国高铁的迅速发展,越来越多的人开始选择高铁出行。在资源有限的情况下,高铁也同样面临着提高收益的管理问题。本书研究了一个多阶段、多等级铁路客运收益管理问题。在这个问题中,假定前一阶段未被满足的需求会转移到以后的阶段,而某一等级未被满足的需求会转移到其他等级。以京沪高铁为例,考虑乘客的需求在不同车次、不同等级间的转移,要决策的问题是何时发车、停靠沿途的哪些站点以及如何分配座位等。

针对这一问题,本书提出了一个 MPMC-RPRM 的基本模型(Basic Model, BM)。但因为在 BM 中存在数量庞大的 0—1 变量和大 M 约束,所以在解决现实生活中的大规模优化问题时是非常耗时的。为了解决计算复杂性的问题,提出了一个两阶段的启发式算法。在第一阶段,把每一个旅程划分成一系列连续的路段(leg),建立基于路段(leg)的分解模型并求解。第二阶段的算法中,求解的是一个受限的 BM 模型,其中的开行列车车次的值由第一阶段的求解得到。计算结果表明,我们提出的两阶段的启发式算法能在较短的时间内得到比 BM 更优的解。另外,为了解决更多实际问题,本书还将模型进行了扩展。

第 6 章研究了竞争环境下基于选择收益模型的航空公司机型分配问题。这一章是将竞争环境下收益管理模型与机型分配问题相结合,构建基于选择收益模型的机型分配模型。航空公司的机型分配问题(Fleet Assignment Problem, FAP)是将不同的飞机机型分配给排班表上的航线,目标是使收益最大的同时成本最小。航空公司的机型分配决策对收益的影响很大:如果分配的机型的容量小于实际需求的话,会因座位容量不足而导致需求的溢出;相反,如果分配的机型容量大于实际需求,会导致座位的虚耗,从而产生较高的运营成本。所以,机型分配问题是整个机型排班过程的重要组成部分。

最初的机型分配问题模型是基于航节的,忽略了网络影响(Network

Effect)。随后的改良的机型分配问题考虑了网络的影响，建立了基于航程的机型分配问题，但是模型假设溢出的需求会全部损失，所以，该模型过高地估计了竞争的影响，忽略了需求的转移和挽回问题，得出的是实际问题的一个下界。Barnhart 等(2002)[8]放松了这一假设，提出了基于需求转移的机型分配模型，但是这一模型则有另一种严格的假定，即假定所有的溢出需求会被替代品挽回。但 Barnhart 的模型中挽回率的计算十分复杂，且挽回率是个常量，与竞争的程度和替代品开放集无关。这种假设与实际情况不符。

本书在研究机型分配问题时，用离散选择模型 GAM 来刻画需求的转移和挽回情况，同时，GAM 还能灵敏地反映市场的竞争情况。随后，将基于乘客的离散选择收益模型与机型分配问题综合考虑，构建了基于选择的机型分配综合模型 CFAM。本书还证明了基于选择的机型分配模型能包含上述经典模型，它们是 CFAM 的极端情况。

1.3 研 究 意 义

收益管理在许多行业获得成功应用，引起了管理学术界和企业界的广泛关注，收益管理的研究与应用也成了管理前沿的热点问题。

如前所述，互联网的兴起改变了企业的经营环境，对运营策略提出了很大的挑战，这种挑战主要是由于互联网降低了交易双方的信息不对称性而产生的。信息透明使得消费者在获得更多信息的同时，需求在多种产品和不同公司间的转移更加频繁。这些复杂的行为已经对企业的收益管理产生了显著的影响。因此，研究考虑消费者行为的存量控制模型和策略迫在眉睫。本书所要解决的问题之一就是在互联网环境下，考虑乘客的预订行为的航空公司存量控制策略问题，预期研究成果将丰富和完善现有收益管理和存量控制中关于复杂消费者行为建模的研究。同时也可以为其他管理决策问题的解决提供思路与方法的借鉴，增加更多的企业经济效益和社会效益，对于拓展收益管理和存量控制策略的研究具有重要的科学意义和学术价值。

除了收益管理的理论研究价值之外，收益管理的模式被越来越多的企业领域所青睐，现实应用对收益管理过程科学化和系统化的要求也日益迫切。收益管理的研究源于航空业，但其研究成果已推广应用到诸多行业领域，包括零售管理、酒店管理、运输管理、汽车租赁、库存管理、能量管理、通信管理、金融服务、健康护理等。经济全球化和消费行为多样化使得越来越多的产品服务成为易逝产品，收益管理的应用将会更加广泛。收益管理是一门应用学科，其价值与重要性主要体现在其应用所产生的商业效益。本书在高铁运营中应用收益管理技术的研究表明，收益管理可增加 2.5% 的利润(包括收益的增加和成本的减少)。因此本研究具有重要的理论意义和现实意义。

1.4 本书结构

本书的主要内容包括以下几个部分：第 1 章、第 2 章分别是引言和文献综述部分；第 3 章、第 4 章侧重于收益管理的理论研究，其中，第 3 章研究垄断市场环境下单航段多等级的航空公司的舱位控制问题，包括需求转移率同价格之间的关系以及转移概率的计算问题；第 4 章研究竞争市场环境下航空公司的舱位分配博弈模型，提出了基于触发策略的重复博弈模型，证明了纯策略纳什均衡路径的存在，同时验证了转移率对纳什均衡的影响；第 5 章、第 6 章侧重收益管理的应用部分，其中，第 5 章的研究是将垄断环境下基于需求转移的收益管理拓展到其他行业中的应用，研究了京沪高铁的排班问题，假定需求可以在不同车次不同产品间转移，建立了多阶段、多等级的收益管理模型，并设计了二阶段的启发式算法进行求解；第6章是研究竞争环境下基于选择的收益管理模型在航空公司其他运营问题中的应用，用收益管理中最新的研究成果描述机型分配问题中的收益，使模型更加符合实际；最后对本文的研究结果和贡献进行了总结，并指出进一步的研究方向。

本书的整体结构与逻辑关系如图1-5所示。

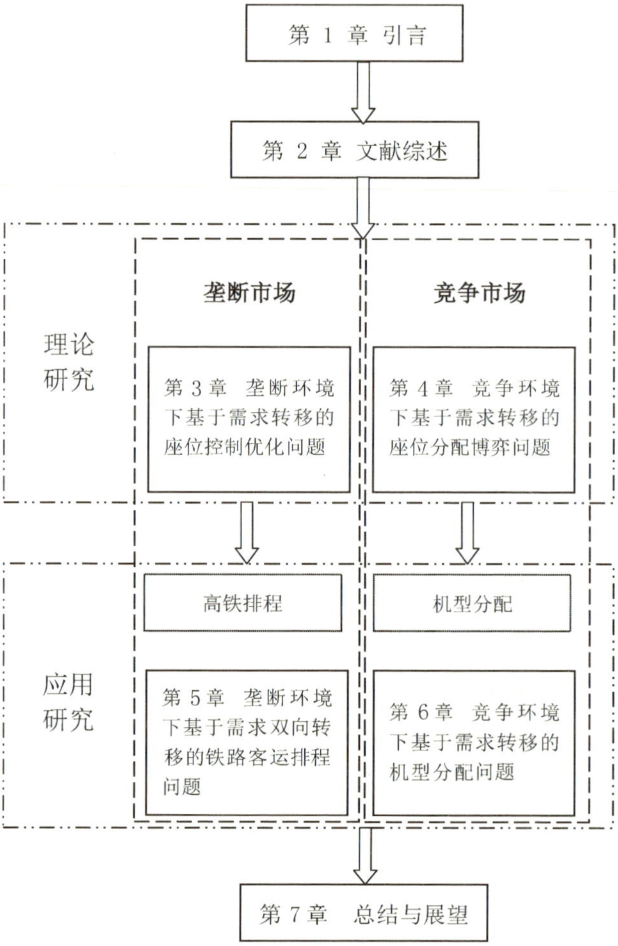

图1-5 本书结构与逻辑关系

第2章 收益管理综述

收益管理的理论起源于航空业，其大多数的理论研究成果也集中在航空业，所以，下面的综述中将主要介绍收益管理理论在航空业的研究及发展，铁路上的收益管理研究将会放在应用研究现状中介绍。本章的结构如下：2.1节介绍的是收益管理的理论研究现状，分为传统的收益管理研究、考虑乘客行为的收益管理研究以及竞争的市场环境下收益管理的研究情况；2.2节从收益管理在航空货物运输、铁路运输、汽车租赁、门诊预约等几个行业中的应用，介绍收益管理的应用研究现状；2.3节是本章小结，对国内外的研究现状进行评述，指出当前研究中的不足。

有关收益管理的研究文献非常多，国外关于收益管理的综述文献主要有McGill等(1999)[9]、Bitran等(2003)[10]和Elmaghraby等(2003)[11]。其中McGill等对1999年以前的收益管理的研究和发展做了全面综述；Bitran等对收益管理中的定价模型作了回顾与展望；Elmaghraby等对收益管理中涉及综合存量控制和定价的问题进行了评述。国内关于收益管理的综述文献主要有陈旭(2003)[12]、罗利和肖柏春(2004)[13]、李金林和徐丽萍(2007)[14]、樊玮和吴桐水(2006)[15]等的著述，他们总结了收益管理的研究现状，并结合中国的实际，指出收益管理在中国的发展前景。

本书在以上研究的基础上，仅对与本书相关的文献进行简要的综述。

随着研究内容的展开，相关的文献及综述放在后面章节中介绍，此处仅对收益管理的一般发展做一下梳理，具体分为理论研究及应用研究两部分。

2.1 收益管理的理论研究现状

收益管理从提出发展到现在约四十年的时间，取得了丰硕的研究成果。依据收益管理是否考虑需求的转移，下文将从传统收益管理和考虑需求转移的收益管理两方面进行综述。由于市场竞争环境下企业的收益决策不但要考虑消费者行为，还要考虑竞争企业的收益决策，所以把考虑竞争环境下的收益管理单独作为一节介绍。

2.1.1 传统的收益管理

根据研究问题中资源的属性分为单资源的收益管理和多资源的收益管理，其中多资源收益管理又称为网络收益管理。

1. 单资源收益管理研究

最早的收益管理方法是由 Littlewood(1972)提出的[5]。在该模型中，假设只有高价票和低价票两种票价，且低价票需求先于高价票需求到达。r_1 和 r_2 分别表示高等级价格和低等级价格，D_1 是对高价票的随机需求，y_1 表示高价票的保护水平。Littlewood 提出了以下准则：只要卖出一张低价票的收益不小于将其保留为一张高价票获得的期望收益，即只要满足下式：

$$r_2 \geqslant r_1 Pr(D_1 \geqslant y_1) \tag{2-1}$$

就应该卖掉这个低价票。式(2-1)中，$Pr(D_1 \geqslant y_1)$ 表示有 y_1 个高价票需求到达的概率，$r_1 Pr(D_1 \geqslant n_1)$ 是将座位预留给高价票的边际期望收益。

在 Littlewood 准则的基础上，Belobaba 博士提出了一种启发式模型

EMSR（Expected Marginal Seat Revenue）[16]。EMSR 模型在原有的 Littlewood 模型上进行改进，将原有的只有两等级票价模型变为了多等级票价模型。由于 EMSR 启发式模型容易理解且被证明有很好的鲁棒性，因此，该模型被很快地应用到实际操作中。然而就像很多启发式算法一样，EMSR 模型在某些情况下与最优解存在一定的差距，Brumelle 等（1993）[17]、Wollmer（1992）[18]以及 Robinson（1995）[19]通过数据模拟等方法都证明了这点，并基于相同假设提出了存在最优解的条件。其中 Brumelle 等（1993）[17]假设低价票顾客到达时间在高价票顾客之前（Low Before High，LBH）且需求分布是连续的，Robinson（1995）[19]释放了这个假设但依然假设顾客的到达并不是随机分布的。Curry（1990）[20]利用这个假设将每一个单航段组合起来形成了一个网络问题并用数学规划的方法和收益的凹函数特性来求最优解。Wollmer（1992）[18]同样假设了 LBH 但需求分布模型变成了离散模型。以上这些模型都是假设各票价等级之间的需求是独立的。基于 EMSR 启发式模型中的假设在实际情况中是有一定的局限性的，因为实际售票中各票价等级之间的需求是互相影响的，且 EMSR 是个静态模型，没有将售票过程中的一些状态变化考虑在内，例如顾客到达的随机性等。但是即便如此，EMSR 因为其计算简单，易于操作，故在航空公司的实际应用非常广泛。

为了释放 LBH 这个假设条件，很多学者提出了将顾客到达过程描述成一个随机的泊松过程[21]。这种方法既可以将顾客到达实际情况体现出来，又可以通过动态规划的方法求得最优解。将整个销售期划分为多个决策时段，并假设每个时段足够小以至于最多只有一个预订需求到达。对于一个单航段的动态规划模型，每一个时段指的是距离起飞还剩余的时间，状态代表着在这一时刻航班上尚未售出的座位数，状态的转移是由预订的情况决定，每一阶段的决策是在给定票价下是否接受到达顾客的预订。具体方程如下：

$$V_t(x) = \sum_{j=1}^{J} p_j \max\{r_j + V_{t-1}(x-1), V_{t-1}(x)\} + p_0 V_{t-1}(x) \tag{2-2}$$

其中，p_j 表示的是顾客在票价等级 j 的到达概率，$V_t(x)$是在 t 时刻有 x 个座位剩余的期望收益。J 是票价等级的数量，r_j 表示的是 j 等级的价格。在动态方程中，在 t 时刻，只有当 $r_j \geqslant V_{t-1}(x) - V_{t-1}(x-1)$ 时，顾客会被接受。$V_{t-1}(x) - V_{t-1}(x-1)$ 即为竞标价格，通过竞标价格来控制各个票价等级的开关。在单航段动态存量控制模型中，航空公司可以根据顾客到达的情况，依据竞标价格调整各阶段的存量控制策略，以实现收益的最大化。还可以通过动态方程中的竞标价格解释取消预订、团队预订、爽约（no-shows）等一些存量控制问题。

2. 网络收益管理

关于运输网络中收益管理模型与存量控制策略的研究可参考文献[22]，此处仅列出与本书密切相关的文献。

在航线网络中，将每一段航班看作是一个资源，每一资源有固定的容量。一个旅客从起点到终点的旅程（Origin - Destination，O - D）可能需要使用多种资源。在网络存量控制模型中，一般将销售过程分为 T 个销售期，目标函数 $V_t(x)$为从第 t 个销售期开始时剩余舱位为 x 的情况下的总收入的期望。

Glover(1982)等[23]学者最早将数学规划方法用于解决网络问题构造了确定性线性规划模型（Deterministic Linear Programming Model，DLP）。其模型如下：

$$(DLP) \quad V_t(x) = \max_{y} \sum_{j=1}^{n} f_j y_j \tag{2-3}$$

$$\text{s.t.} \quad Ay \leqslant x \tag{2-4}$$

$$0 \leqslant y \leqslant E(D) \tag{2-5}$$

其中，$D=(D_1, D_2, \cdots, D_n)$ 是旅客对产品的总需求向量，$E(D)$表示对 D 的每个分量求期望。x 和 y 均是向量，其中，y 是每种产品的预订数量限制。

但 DLP 模型的最优值函数 $V_t(x)$不是最优控制策略所能达到的期望收益，Talluri 等(1999)[24]证明了 $V_t(x)$是最大收入期望的上界。Cooper(2002)[25]证明随着舱位容量和需求的增大，所获得的实际收入在概率意义下接近于最大收入。若最优解不是退化的，则用对偶最优解作为各个资源在第 t 个销售期的门槛价格，即竞标价格。DLP 模型简单有效，在实践中应用非常广泛，也是其他研究方法的基础。很多模型将通过 DLP 求得的门槛价格作为初始的竞标价格。但它的一个主要弱点是仅仅利用了需求随机变化的均值，忽视了需求的完全信息。

考虑到需求的随机变化，Smith(1988)[26]提出了随机线性规划模型(Randomized Linear Programming Model, RLP)，并计算出各产品的竞标价格为最优目标函数的梯度。但 RLP 模型要求事先预测总需求 D 的概率分布，如果需求预测的不准确，那么，舱位控制结果可能得不到更好的收益。Ciancimin(1999)建立了概率非线性规划模型(Probabilistic Nonlinear Programming Model, PNLP)[27]，得出的最优值是最大期望的下界。

为了得到更精确的解，动态规划模型也被应用于网络的存量控制中。从概念上讲，网络的动态规划优化模型与单航段优化模型相似，具体方程如下：

$$V_t(x)=\sum_{j=1}^{J} p_j \max\{r_j+V_{t-1}(x-A_j),\ V_{t-1}(x)\}+p_0 V_{t-1}(x) \tag{2-6}$$

Chen 等(1998)第一个完整地应用动态规划方法求解网络座位控制问

题[28]。他们提出带有偿付函数的多阶段随机规划模型(Multi-Stage Stochastic Programming, MSSP),根据各销售期的实际情况,调整各产品舱位的控制决策,以寻求总体收益的最大化[29]。Moller 等(2004)提出了另一种随机规划方法,使用了情景树的方法来模拟随机需求的过程[30]。这些模型对需求基本上没有做任何假设,既不要求每个销售期至多只有一种产品的需求和各时期的需求相互独立,也不要求不同产品的需求互不相关,基本接近实际需求情况,并能通过标准的线性规划软件求解。所以,近期的网络存量控制研究多是在建立更加逼近的动态规划求解近似的方法[31,32]和基于资源分解的动态规划模型[33,34]。

在运输网络中建立满足所有实际目标的精确最优化模型几乎是不可能的,因此,学者们总是在增进模型的近似精度、计算速度与提高收益之间寻求平衡,相继发展了网络舱位控制的数学模型。Cooper 等在 2002 年提出了一种将随机动态规划模型(Stochastic Dynamic Programming Model, SDP)和 PNLP 模型联合应用的混合策略方法[25]。该方法将整个销售过程分为两个阶段:在距离起飞时间长的第一个阶段,使用 PNLP 模型,运用简单的分块预定限制策略实现舱位控制;在接近起飞时间的第二阶段,应用 SDP 模型,对剩余舱位实行竞标价格的控制策略,这样做的目的是可以简化控制过程,如果阶段分解点选择合适,总收入也可以显著提高。2006 年,Cooper 等[35]又对其工作进行了完善。

在求解时,由于一般网络中状态变量的维数很高,数学规划的计算量很大,因此,Chen 等(2003)提出了一种基于统计学习的方法,该方法可以求一些维数较高的随机动态规划问题的数值解[29]。考虑到一般情况下离航班起飞时间越近,剩余舱位数量越小,因此,没有必要在每个销售期都使用同样大小的状态空间,Siddappa 等(2006)[36]提出了按照各销售期的模拟数据缩小状态空间的方法,这样不仅可以减少计算量,而且试验证明求出的最优控制策略可以提高期望最大收入。

在传统的网络存量控制的研究中，由于动态模型很难求出精确解，更多的还是利用线性规划模型进行近似求解，这就很难对顾客的需求变化做出相应的策略优化。为了更准确地制定存量控制策略，需要更多可以考虑顾客选择行为的模型和方法。

2.1.2　基于需求转移的收益管理

1. 基于需求转移的单资源收益管理研究

最早的考虑到顾客选择行为的研究是 Belobaba(1987)发表的论文中，他提出了基于 Littlewood 准则的 EMSR 启发式模型，研究了存在顾客升级购买情况下的存量控制问题[16]。之后，Phillips(1994)提出了一种针对收益管理的比较状态法，这种方法就是通过已经起效的控制策略来动态的调整之后控制策略。学者在这一阶段对旅客的选择行为的研究主要包括爽约、取消行为，为了应对由于旅客的这种行为而造成的座位虚耗，提出了超订的概念，着重研究超订水平的确定[37-41]。超订不属于本文研究的范畴，此处不作详细说明。另一类旅客行为的研究主要集中在旅客的原始需求得不到满足而导致的需求转移现象，即“升级购买”和“降级购买”(关于这一部分的文献介绍详见第 3 章)。在这之后的很长一段时间内，针对单航段的顾客行为相关研究没有新的突破。

2004 年，Talluri 和 van Ryzin 提出了一种新的模型，这种模型在单航段存量控制策略优化模型中加入了旅客的离散选择模型[42]。它也是后来很多基于乘客选择行为的网络存量控制模型的基础。与前面介绍的一样，他们也把整个销售期分成 T 个阶段，在每个阶段至多只有一个顾客到达。航空公司需要决策的是在每个销售阶段 t 应该向旅客开放哪些价格等级的产品，即 S。当提供产品集 S 时，旅客到达并购买产品 j 的概率用 $P_j(S)$表示，如果 $j \not\subset S$，则有 $P_j(S) = 0$。模型如下：

$$V_t(x) = \max_{S\subseteq N}\Big\{\sum_{j\in S}\lambda P_j(S)(r_j + V_{t-1}(x-1)) + (\lambda P_0(S) + 1 - \lambda)V_{t-1}(x)\Big\}$$
$$= \max_{S\subseteq N}\Big\{\sum_{j\in S}\lambda P_j(S)(r_j - \Delta V_{t-1}(x))\Big\} + V_{t-1}(x) \qquad (2-7)$$

模型的边界条件：

$$V_t(0) = 0, \qquad t = 1, \cdots, T \qquad (2-8)$$

$$V_0(x) = 0, \qquad x = 1, \cdots, C \qquad (2-9)$$

在这个基于离散选择的模型(2-7)中，用到的参数与变量和式(2-2)中有相同的含义，λ 代表旅客的到达概率，N、S 分别是产品等级的全集和子集。模型的目的是求得在不同的时间阶段 t 应该向旅客提供哪一产品子集 S 能使收益最大。其中

$$\Delta V_{t-1}(x) = V_{t-1}(x) - V_{t-1}(x-1)$$

且

$$\sum_{j\in S} P_j(S) + P_0(S) = 1$$

式(2-7)还可以写成另外一种更加紧凑的形式：

$$V_t(x) = \max_{S\subseteq N}\{\lambda(R(S) - Q(S)\Delta V_{t-1}(x))\} + V_{t-1}(x) \qquad (2-10)$$

其中，$Q(S) = \sum_{j\in S} P_j(S) = 1 - P_0(S)$ 表示总的购买概率，$R(S) = \sum_{j\in S} P_j(S) r_j$ 代表提供产品集 S 的总期望收益。作者还提出了一种有效集(Efficient Sets)的概念，把所有不满足下式的产品集 T 称为有效集：

$$Q(T) \geqslant \sum_{S\subseteq N}\alpha(S)Q(S)，或\ R(T) < \sum_{S\subseteq N}\alpha(S)R(S) \qquad (2-11)$$

这里的$\alpha(S)$是一概率，$\forall S \in N$，有 $\sum_{S \subseteq N} \alpha(S) = 1$。作者证明了航空公司只有向乘客提供有效产品集才能获得较多的收益，所以求解时只需要在有效集中搜索即可，采用列生成的算法简化了求解难度。航空公司的舱位控制策略就是在恰当的时段向旅客提供一套有效的产品集合。这个模型比较接近实际，在目前的基于乘客行为的收益管理研究中被广泛使用。

2. 基于需求转移的网络收益管理研究

近些年行为运营管理的研究逐渐成为学术界一个热点问题，国内外关于消费者行为下的收益管理和存量控制的研究取得了一定的成果。这些成果大多都是考虑了消费者的选择行为对存量控制的影响。

Belobaba 和 Hopperstad(1999)是最早的在网络存量控制中考虑到顾客行为的研究[43]。但影响最大的还是 Talluri 等提出的基于选择的线性规划模型[42]，Liu 等(2008)将 Talluri 的单资源选择模型扩展到了网络的旅客选择模型(其表达式同式(2-7))[44]，但是因为网络收益管理中的多资源性，其维数较高，动态规划很难求解，所以，Liu 等给出了一个基于选择的线性规划(Choice-based Deterministic Linear Programming, CDLP)近似模型，如下式：

$$V^{CDLP} = \max \sum_{S \subseteq N} \lambda R(S) t(S) \tag{2-12}$$

$$\text{s.t.} \quad \sum_{S \subseteq N} \lambda Q(S) t(S) \leqslant c \tag{2-13}$$

$$\sum_{S \subseteq N} t(S) \leqslant T \tag{2-14}$$

$$t(S) \geqslant 0, \ \forall S \subseteq N \tag{2-15}$$

其中，S 和前面的定义一样，表示的是航空公司向旅客提供的产品集合，当产品集 S 开放且有旅客到达时，产品 j 售出的概率是 $P_j(S)$。令$R(S)$

表示在 S 开放且有一个旅客到来所带来的期望收益，则有 $R(S)=\sum_{j\in S} r_j P_j(S)$。同样，令 $Q_i(S)$ 表示当 S 开放时消耗掉航段 i 一个座位的概率，且 $Q(S)=(Q_1(S),\cdots,Q_m(S))^T$，则有 $Q(S)=AP(S)$。$P(S)$ 是购买率的向量。在这个模型中，$R(S)$，$Q(S)$，λ 都被看作是确定性的。求得的解是向旅客开放不同的产品集 S 的时间长度。该文章中，Liu 等假定 MNL 顾客选择模型中的顾客的选择集之间不重叠，否则，上述模型将变得不可解。Bront 等(2009)[45]研究了选择集之间有重叠的情况，为了解决求解难的问题，他们在列生成过程中设计了一种启发式的算法。之后，Kunnumkal 等(2010)[33]和 Zhang 等(2009)[31]分别研究了 CDLP 模型的分解过程和对基于选择模型的动态规划的仿射松弛。在他们工作的基础上，Meissner 和 Strauss(2012)研究了用分解方法来分析时间敏感型的竞标价格控制[46]。这些方法都是使 CDLP 模型的上、下界更加收紧，但是这些方法的求解却非常复杂。因此，很多研究人员[47-50]致力于开发新的模型以降低求解难度，其中，Gallego 等(2015)提出了一种基于销售的线性规划模型(Sales-based Linear Programming，SBLP)[51]，它能很好地解决选择集交叉重叠的情况，且更客观地反映了旅客需求的溢出和转移现象。它是基于离散选择模型的收益管理研究的最新进展。其模型如下：

$$(SBLP)\quad \max \sum_{m\in M}\sum_{j\in J_m} r_{mj}x_{mj} \tag{2-16}$$

$$\text{s.t.}\ \sum_{m\in M}\sum_{j\in J_m} a_{ij}x_{mj}\leqslant C \tag{2-17}$$

$$x_{s0}+\sum_{j\in J_m} x_{mj}=D_m,\ \forall m\in M \tag{2-18}$$

$$\frac{x_{mj}}{v_{mj}}-\frac{x_{m0}}{v_{m0}}\leqslant 0,\ \forall m\in M,\ j\in J_m \tag{2-19}$$

$$x_{mj} \geqslant 0, \ \forall j \in J, m \in M \tag{2-20}$$

模型中，M 是客户细分类型的集合，下标用 m 表示，J_m 是 m 的产品选择集，v_{mj} 和 v_{m0} 代表客户类型 m 对产品选择集 J_m 中的产品 j 和不购买产品的偏好。D_m 是细分市场 m 的无约束需求，x_{mj} 是决策变量，即产品 j 销售给细分市场 m 的数量。

SBLP 模型的求解结果并不能直接用于舱位控制决策，但作者证明了通过 SBLP 的解可以很容易得到类似 CBLP 的解，即向旅客开放多长时间的哪些产品集合 $t(S)$。

2.1.3　竞争环境下基于需求转移的收益管理

最早对竞争环境下的收益管理展开研究的是 Belobaba 和 Wilson (1997)[52]。他们利用仿真的方法来证明在竞争的环境下，航空公司使用收益管理系统能否提高利润。据我们所知，Li 和 Oum(1998)[53] 是第一个将竞争引入一个两等级的舱位分配问题中，并给出了理论模型，他们重点讨论的是决策变量取整数值且有对称的机票价格和随机需求的竞争情况，但没有考虑成本。后来，研究竞争市场的收益管理文献主要是运用博弈论的理论来研究双寡头竞争环境下的座位分配问题，即由两家航空公司提供两个等级的单航段的竞争问题[54,55]。他们均证明了所研究问题中纯策略纳什均衡的存在性、唯一性和稳定性，而且他们的结论都表明在竞争环境下的低等级的预订限制要比垄断环境下的要少。Netessine 和 Shumsky (2005)[56]研究了两家航空公司分别销售两个等级机票的竞争问题，需求可以从一家航空公司的某一等级水平溢出到另一航空公司的同一等级(图 2-1)。他们假设不同航空公司的每一等级是独立的随机需求，所以，相应的需求结构中共有四个外生的随机需求。模型如下：

航空公司 i 的低等级需求为：$D_{Li}^{T} = D_{Li} + (D_{Lj} - B_j)^{+}$。

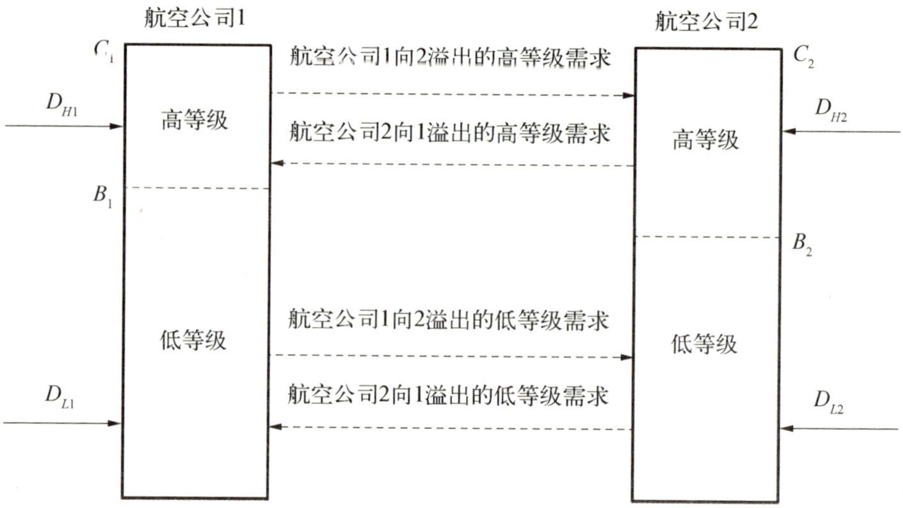

图 2-1　水平竞争下的需求转移

航空公司 i 高等级的可用座位数：$R_i = C_i - \min(D_{Li}^T, B_i)$。

航空公司 i 的高等级需求为：$D_{Hi}^T = D_{Hi} + (D_{Hj} - R_j)^+$。

航空公司 i 的总收益为：$\pi_i = E[p_{Li}\min(D_{Li}, B_i) + p_{Hi}\min(D_{Hi}, R_i)]$。

如果给定一家航空公司的预订限制，可以通过求偏导的方法求得另一家航空公司的预订限制。他们证明了在水平竞争情况下，如果四个随机需求联合概率密度函数有多元全正二序（MTP2）性质，则纯策略纳什均衡存在。他们还表明垄断环境下的全价票的预订限制不会小于两航空公司竞争情况下的全价票的总预订水平。但他们的研究都是事先确定预订限制，即构建的是静态模型，不能根据观察到的需求情况进行实时调整，多数情况下，并不能达到收益的最优。

Brumelle, S. 等（2003）[57] 指出，动态规划可以有效解决竞争环境下的座位分配问题，但因为动态模型求解复杂，鲜有文献研究竞争环境下的座位分配问题。但 Yang 等（2013）[58]、Liu 等（2008）[44]、Lin 等（2009）[59]、Hu 等（2013）[60] 和 Gallego 等（2014）[61] 都从动态定价的角度分析了竞争市场环境下的收益管理问题。Zhao 和 Atkins（2003）[62] 对两家航空公司在同一需求等级上竞争乘客的情况进行了分析，他们给出了联合动态定价和座位分配问题的模型。因为动态非合作非零和博弈模型计算复杂[42]，很难得到它的精确均衡解[63]。为了避免计算的复杂性，Schütz 等（2012）[64] 和 Zhang 等（2006）[65]用近似模型求得次优解，但这些近似均衡的结果并不令人满意。

国内的学者对国外研究的成果进行了扩展，陈慧等（2008）[66]将 Netessine 等（2005）[56]的水平竞争模型由两个价格等级扩充到三等级，并得到了一些有益的结论。汪瑜等（2009）[67]构建了竞争环境下航班舱位控制博弈模型，计算求出各航班低价票的最优预订水平。另外，罗利等分别于 2007 年[68]和 2012 年[69]研究了竞争环境下的航班动态定价问题，求出了最优价格切换的时间阈值。

以上是对收益管理理论研究情况的综述，接下来本书从应用的角度介绍一下收益管理在不同行业中的应用研究。

2.2　收益管理的应用研究现状

从 2.1 节可看出收益管理理论研究所取得的成果，特别是重大成果，绝大部分在 20 世纪，与此相对，应用研究主要集中在 21 世纪。这一方面是由于计算机技术的高速发展，为收益管理技术的应用提供了可能，同时也是因为收益管理作为一种管理理念影响日益广泛。当然，理论与应用是分不开的，本节所涉及的文献中也或多或少含有理论成分，但为了叙述方便，将其归为应用研究。

收益管理起源于航空客运，在航空业的应用已经证明了收益管理的有效性，现在它已经被广泛应用于具有容量相对固定、产品或服务价值易逝等特征的行业，如设备租赁、餐饮、医院、体育赛事、货物运输、通信、零售、制造、旅游等服务性行业。收益管理绝大部分的理论发展是伴随着在航空客运中的应用而发展起来的，关于这一部分，2.1节已经介绍得相当充分，本节主要列出近几年在以下几个行业中的应用研究。

2.2.1 航空货物运输

在航空货物运输方面的文献综述，有兴趣的，可以参阅 Feng 等人(2015)的文献[70]。作者详细介绍了航空货物运输的操作过程及相关的研究文献，同时还比较了理论研究与实际操作的异同。航空货运益管理是对专用货机和载客客机的舱位预测、网络容量规划和分配、定价、超订以及拒绝接受策略等的综合研究，目的是实现总收益的最大化。

现有的对航空货运收益管理的研究多数都是在讨论超订，目的是弥补因爽约(no-show)和取消所带来的损失。Kasilingam(1997)[71]通过计算容量是离散和连续概率分布情况下的超订水平提出了航空货运收益管理的优化模型。在此基础上，Popescu 等人(2006)[72]提出了另一个无参数分布估计的方法来计算货物预订的出现率(show-up)，并运用航空公司的实际数据和符合正态分布下的离散模型进行了比较。Wang 等人(2008)[73]从信息系统的角度研发出了一个模糊知识系统，依据模糊决策的规则来确定超订水平。Qin 等人(2012)[74]建立了一个考虑超订的动态规划模型，该模型可以动态调整航空货运的存量水平，而且从他们的模型可以引出一些重要的结构属性。Totamane 等人(2014)[75]利用聚餐问题的方法提出了一个多生产者或多消费者的解法，它可以预测一条线路上的货运需求。在考虑超订的情况下确定好可售容量后，航空公司依据期望收益最大化的原则决定是接受还是拒绝货运请求。为了解决这个问题，Amaruchkul(2007)[76]提出了一个单航班的马尔科夫决策模型来帮助航空公司决定是否接受货代的订舱请求。2011年，他们将这个模型扩展到了多航班的情况，建立了一个动态规划模型，并提出了两个启发式的求解算法[77]。作为对 Amaruchkul 的模型的改进，Han 等(2010)[78]提出了单航段航空货运收益管理的舱位分配问题，他们假定每一个货运订单的重量、体积、类型和利润率都是随机的。与此同时，Huang 等人(2010)[79]用动态规划为同样的问题建立了模型，他们还提出了一个联合算法来求解高维度状态空间问题。

国内，李玉和罗利(2008)[80]将收益管理中的舱位优化分配应用到航空货运中。2010 年，肖永禧和罗利[81]讨论了航空货运的超订问题，他们基于对货物三种不同装载结果的考虑，通过平衡收益和拒载成本，给出了确定超订水平的方法。

2.2.2　铁路运输

航空运输收益管理方面的文献多而丰富，而铁路运输方面的文献相对缺乏。即使如此，收益管理技术引入铁路运输系统之后，每年带来的收益增长相当可观[7]。法国国营铁路引入收益管理系统后，每年收益增加 1 700 万欧元，相当于优化技术使年收入增长了 2%。德国铁路公司 2006 年全国各铁路车站效益都有了不同程度的增加。英国大西方铁路公司、大东北线铁路都上线了收益管理系统，每年利润增长为 16 亿英镑。

关于铁路运输收益管理的综述可参考 Alexander(2010)的文献[82]。针对铁路网络特性，Ciancimino 等在 1999 年研究了单一价格、单次列车、多 O－D 的座位分配问题，给出了铁路收益管理问题的确定性线性规划模型(Deterministic Linear Programming，DLP)以及考虑需求不确定性的非线性规划模型(Probability Nonlinear Programming，PNLP)，并给出了求解算法[27]。其目标是分配给每个 O－D 定量的座位以达到全旅程收益最大化的目的。Kraft 等人(2000)讨论了在铁路旅客运输收益管理中应用竞争票价法的优缺点[83]，其研究集中在铁路旅客运输收益管理的网络特性和所面临的混合流量优化问题。为改进时刻表和定价问题，Hood(2000)开发了选择模型用于需求估计[84]。Hood 的模型提取影响旅客出行的各种因素并将其转变为广义成本输入 logit 模型中，此模型产生的需求估计结果与实际结果相似。Rohit 等人(2008)利用弹性价格的方法,讨论了面对航空、公路等其他公共交通方式竞争时,铁路行业的价格策略[85]。Abe(2007)[86]没有继续从理论上讨论模型,而是从实证的角度给出了收益管理在不同国家铁路系统的应用实例,针对日本和葡萄牙给出了应用框架。

在国内,对铁路收益管理优化模型方面的研究甚少,蓝伯雄等(2009)[87]结合高速铁路的网络特性,在需求预测的基础上,对单条线路上列车发车计划、不同票价的席位分配进行优化控制,得到了合理的优化结果。单杏花(2012)在其博士论文中研究了铁路客运收益管理中的模型及应用,考虑了团体旅客、超员超售的控制策略[88]。张力等人(2012)[7]在研究铁路收益管理时考虑了旅客购票中的选择行为,即需求在相邻时间段以及不同票价间转移的可能,得到了更符合实际的结果。

2.2.3 汽车租赁

最早介绍收益管理在汽车租赁业中的应用的文献有两篇：Carroll 等(1995)[89]着重介绍了赫兹公司收益管理系统的组成及产生过程,该系统由车队调度、定价、预测、超订、产品细分等功能模块组成;Geraghty 等(1997)[90]展示了收益管理令美国国民租车公司扭亏为盈的奇迹,20 世纪 90 年代中期,美国汽车租赁市场价格战异常激烈,国民租车公司开发了收益管理系统,并且实现了年收入 20%的增长幅度。

进入 21 世纪以来,学术界对收益管理在汽车租赁业的应用研究产生了兴趣。Julian 等以库存量与租赁需求的匹配为目标,将车队调度分为三个连续的决策阶段,并给出了各个阶段的优化模型及解法[91-93]。Anderson 等(2004)[94]建立了竞争环境下单一车型的定价模型,考虑租赁期为 1 天的情况下,该模型按照时间和库存量确定最低租价和供货量。Evise (2005)[95]假设租赁商仅提供租期为一天的单车型产品,需求与租价存在线性或指数关系,不允许发生预订取消、超订等情况,应用动态规划和未定权益分析方法将租赁商视为期权持有者，采用蒙特卡洛仿真得到最优定价。Zhu(2006)[96]首次揭示了预约系统记录的拒绝量对汽车租赁商的利用价值。Hong 等(2007)[97]测试了用基于免疫算法的支持向量机模型预测单车月收益的可行性，试验结果表明该模型预测精度优于其他两种模型。Hertz 等(2009)[98]研究了车辆租赁公司面对的库存管理问题，提出了车队调度问题的综合模型，该模型考虑了车辆的维修和维修人员的配置约束，以最小成本条件下满足所有顾客请求为目标。该模型及其求解算法考虑问题比较全面，但其求解过程十分复杂难以掌握，且耗费的时间较长。Li 等(2010)[99]考虑了单一车型、两个租赁站点之间的车队规模确定和优化调度问题，给出了两阶段动态规划模型。George 等人(2014)[100]在对顾客细分的基础上，考虑当顾客爽约(no-show)且不退还订金的情况下提出了最优的预订策略。Beatriz 等(2014)[101]提出了一种基于 relax-and-fix 的算法求解汽车租赁公司的汽车预订的分配问题。

国内学者也对汽车租赁展开了深入的研究，陈旭等(2003)[12]基于收益管理思想对单车型、单个租赁站点的车辆租价与配置进行了定量化研究。王仙凤等(2009)[102]假设租赁商拥有单车型、多站点的运营资源，运营周期为一周，车队的规模维持稳定，将汽车租赁商的维修能力是否满足需求列为约束条件，以租赁商成本最小为目标建立优化模型，并得到车辆的调度和配置方案。杨亚璪(2010)[103]研究了基于收益管理的汽车租赁车队优化调度问题的建模和算法分析，其提出的启发式算法能够在合理的时间内得到满意解。

2.2.4　医院门诊

由于门诊资源具备使用收益管理技术的特点，收益管理在门诊管理中得到了一定应用，也取得了一些研究成果。但由于医院与航空领域的巨大差异，导致了收益管理在医院门诊预约中的应用更为复杂。Klassen 等

(1996)[104]考虑到急诊的较高优先级，针对单个诊室对比了多项预约规则，最终建立了动态的预约规则。Gupta 等(2008a)[105]也明确提出了收益管理在医院门诊预约管理中的应用。基于此，收益管理中的存量控制和超订等理论在医院门诊预约中都有了很大的研究进展。Gupta 等(2008b)[106]提出将医生的服务时间划分为一个个时间段(slot)，预约人员可根据病人需求大小来确定这些时间段的数量，并通过存量控制给急诊病人预留一定量的时间段。LaGanga 等(2007)[107]将收益管理的超订策略运用至预约系统之中，验证了合理的超订可补偿病人爽约造成的损失并降低医生的空闲时间。Zeng 等(2007)[108]研究了不同爽约概率病人的超订策略问题，建立了超订模型并求解出优化结果。Ratcliffe 等(2011)[109]也研究了同样的问题，提出了超订和能力分配的综合模型。

近年来，国内也开始关注医院门诊管理这一领域，但研究起步较晚，还基本处于定性阶段，定量研究也仅限于对排队论思想与方法的应用。彭迎春等(2005)[110]基于排队论，根据各项指标推算合理的服务台数，并模拟计算出病人等待成本与医院服务成本之和的最优值。韩新焕等(2008)[111]采用排队论模型，确定出合理的门诊医疗资源配置。卢林发等(2009)[112]提出了一个可测试不同预约排队策略对医院满意度影响程度的优化模型。而在用收益管理方面，只有陈超等(2009)[113]在经典两阶段容量控制模型的基础上，结合社区医院的特点，分别建立了病床管理中的两阶段和多阶段容量控制模型。罗太波等人(2011)[114]综合考虑医院收益与病人成本，运用马尔科夫决策过程理论和动态规划方法，建立了包含普通医生与专家两种医生类型的门诊预约挂号的存量控制优化模型，并针对模型的多维状态空间的不可计算性，给出启发式算法，得到相应的预约策略。姜博文等(2015)[115]研究了可加班门诊预约能力分配问题的期望方差模型，提出资源可增加情况下的门诊能力分配方案，建立由诊疗患者收入、加班成本和拒绝患者成本组成的门诊净收益的期望和方差模型。

收益管理的应用极其广泛，远不止上面列出的几个领域，但鉴于篇幅有限，这里不一一罗列，感兴趣的读者也可以参考文献 Xuan 等(2015)[116]，以获得更多关于收益管理的发展、挑战及研究热点的知识。

2.3 本章小结

科技的快速发展与互联网的广泛应用使消费者的行为对企业决策的影响越发明显，已引起业界的高度重视。行为经济学的兴起也使学者们开始反思并逐渐将更多的注意力转向行为对个人决策的影响。而认清消费者真实的决策过程、分析消费者行为在管理意义上的影响并提出应对的策略是企业成功的关键。迫切需要理论研究人员通过实证和模型方法来进行研究，为实践管理者提供指导。但通过以上文献综述，我们发现，目前关于这方面的理论研究存在以下一些不足：

(1) 缺乏对消费者行为的高效表达。由于信息获得更加容易，消费者在购买决策时往往受多种复杂行为的同时影响，研究消费者复杂行为对存量控制策略的影响是非常有现实意义且是迫切需要解决的问题。但目前基于消费者行为的收益管理研究存在两个极端：一是对消费者行为的复杂性估计不足，采取过于简单的模型来刻画消费者的行为，结果与现实相差甚远；二是消费者行为模型过于复杂，计算极其耗时，虽然它能够大致反映消费者的选择行为，但是对于航空公司的日常运营决策来讲因太过耗时而并不实用。

本书的研究是要在计算复杂性和模型科学性之间做好平衡，提出一个既能反映消费者在购票时的选择行为特征、又能控制好模型的复杂度的模型，使之更加实用有效。

(2) 竞争环境下收益管理的研究不足。尤其是存量控制的研究相对缺乏，多数文献研究的是动态定价问题。仅有的文献多是运用博弈论的理论来研究双寡头竞争环境下的座位分配的静态博弈问题，即由两家航空公司提供两个等级的单航段的竞争问题，在销售开始前确定预订限制。他们也证明了纳什均衡的存在性和唯一性，但是纳什均衡的存在性和唯一性必须有严格的条件限制。且静态的一次博弈结果并不能根据观察到的需求情况进行实时调整，多数情况下不能达到收益的最优。

因此，本书在前人研究基础上，着重探讨竞争环境下的座位分配问题。在博弈理论的框架下，进行模型描述和假定，构建动态博弈模型；不但考虑需求在不同航空公司同等级间的水平转移，同时还将不同等级产品间的纵向转移考虑在内；在合理假设前提下，对重复博弈模型进行分析和比较，并给出纯策略纳什均衡路径的存在性；书中还提出了一种高效的算法解决动态均衡求解难的问题。

(3) 因为模型复杂，求解困难，缺少对收益管理同企业其他运营问题的综合研究。通常来讲，航空公司的收益与以下三个主要的优化问题密切相关：航班排程设计、机型分配问题和收益管理问题。其中航班排程和机型分配问题分别是规划层面的优化问题，收益管理是运营层面的优化问题。收益管理在微观市场层面通过预测消费者行为，通过优化产品可得性和动态定价实现收益的最大化。传统的做法是按顺序分别来解决这些问题，规划时如果不考虑实际运营时的消费者的选择行为，得到的规划决策与实际会有较大的出入，在此基础上做出的运营决策不是最优的策略。另一方面，如果综合解决这些问题的话，因为问题的规模相当庞大，几乎不能求解。然而，随着计算机计算能力的提高，研究者们已经能将多个规划运营问题综合考虑，从而开发更好的求解方法。

本书是将收益管理中最新的基于需求转移的收益管理模型与航空公司的机型分配问题相结合，提出基于选择的机型分配综合模型。在做规划时，充分考虑了实际运营中存在的消费者选择行为，能比传统机型分配模型提供更优的机型分配方案。

(4) 收益管理在其他行业的应用研究有待进一步深入。收益管理起源于航空业，其大部分理论发展及应用也主要集中在航空业。Kimes 和 Sheryl E. (1989)认为：对于任何产能有限且具有易逝性的行业，如铁路、旅游、快递服务、汽车租赁、房间出租等，都可以用到收益管理[117]。经济全球化和消费行为多样化使得越来越多的产品服务成为易逝产品，收益管理的应用将会更加广泛。已经证明收益管理的方法运用在航空业以外的其他行业同样能带来惊人的收益，但收益管理在其他行业的应用研究和理论进展与航空业相比显得微不足道。如独立探讨铁路客运收益管理的文献就是凤毛麟角，大量的收益管理文献里都难以找到有针对性地研究铁路客运收益管理的论著。

本书研究如何将收益管理的理论与具体的行业特征相结合，构建符合行业实际的收益管理模型和方法，产生实实在在的商业效益。书中探讨了高铁客运收益管理的问题，将基于消费者行为的收益管理理论应用于高铁排班中，解决了高铁何时发车、停靠哪些车站及如何分配座位的问题。

第3章

垄断环境下基于需求转移的座位控制优化问题

乘客在预订机票时，需求会在不同等级票价间转移，这种行为会影响航空公司的存量控制决策。本章基于需求在不同票价等级间向上向下的双向转移，研究航空公司的舱位控制优化问题。本章的结构如下：3.1 节介绍研究背景及相关文献综述；3.2 节对需求双向转移问题进行描述以并提出本文的假设；3.3 节给出基于需求双向转移的舱位控制优化模型；3.4 节在模型分析的基础上对航空公司最优舱位控制策略进行分析；3.5 节通过模拟算例分析；3.6 节是本章的结论。

3.1 研究背景

2000 年以来，随着机票间的限制（如周六晚停留）的不断减弱，各等级间需求相互影响越来越明显，需求相互转移更加频繁。基于需求独立假设的传统收益管理技术在适应新的市场环境时不够理想[118]。航空公司希望找到一种更加切合实际的收益管理技术以增加其收益。实践和研究证明考虑需求相关的收益管理要比需求独立假设下的技术更加有效，收益至少会增加 5%[119]。

需求相关是指不同等级的需求相互影响、相互转移。在社会高度信息化的今天顾客能方便而迅速地了解企业提供的各种机票的特征及价格,并根据其偏好做出选择,需求转移的现象更加频繁。当目标低价票关闭后,一部分低等级需求会升级购买形成新的高等级需求,这种行为称为“升级购买”。另一方面,有一些高等级需求当看到低价票可得时也会转而降级购买,形成新的低等级需求,称为“降级购买”,降级购买行为发生的原因就是机票限制的取消。以往对需求相关的研究主要是集中在对“升级购买”的建模及对升级购买概率的定量计算,这一领域的研究取得了丰硕的理论成果,见 Pfeifer 等(1989)[120]、Brumelle 等(1990)[4]、Wen 等(2001)[121]、Gallego 等(2009)[119]和 Cooper 等(2012)[122]。与升级购买研究相比,对降级购买的研究成果相对较少,甚至缺少对降级购买概率的定量计算。一些学者也意识到降级购买行为的存在,但在建模时往往将降级的高等级需求当作低等级的初始需求处理[123],或者是设法建立防止降级购买发生的机制[124]。Cooper W. L.(2006)[125]认为,把降级的高等级需求简单地以低等级需求处理,会造成对未来高等级需求预测的低估,长此以往,会带来收益螺旋式下降(spiral down)。

综上所述,目前有关存量控制的研究已经关注顾客行为,逐步接近实际的市场环境。但现有文献的研究主要针对需求的单向转移现象,同时考虑升级购买、降级购买的研究并不多见。本章综合考虑顾客需求的双向转移对存量控制的影响,以收益最大化为目标函数,建立多等级票价机制下的静态存量控制模型,并给出了降级购买概率的定量计算公式。相对复杂的动态模型来讲,该模型计算简单,操作方便,无须实时获取订票数据,在航空市场尤其是国内的航空市场实用性更强。

3.2 问题描述和假设

假设所有乘客只购买给定航线上的单程票。航空公司向乘客提供座位数量为 C 的航班，假设飞机上所有的座位都是经济舱(没有商务舱或头等舱，商务舱和头等舱的需求相对独立，不作为我们研究的对象)。航空公司采用 $n(n > 2)$ 层票价格结构：各等级票价用 $r_i(i = 1, 2, \cdots, n)$ 表示，且满足 $r_1 > r_2 > \cdots > r_n$。把销售周期分为 n 个阶段，传统的存量控制假设第 n 等级的需求在第 n 阶段到达，最高等级最后到达(即假设低等级先于高等级到达的假设 LBH)。每一等级的需求和销售阶段一一对应，如果某一等级的机票销售结束，则对应于该等级的需求就会放弃购买，跟其他等级是否可得无关。显然这一假设并不符合实际：首先需求不会完全按照由低到高的顺序到达；再者在销售前期到达的高等级需求有可能发生降级购买，未被满足的低等级需求也有可能会升级购买高价票，即需求在各等级间发生了向下和向上的双向转移(图 3-1)。在这种情况下，航空公司要掌握需求转移对收益的影响，并制定恰当的存量控制决策以提高航班收益。

销售过程如图 3-1 所示：销售期开始之前，航空公司依据历史数据对

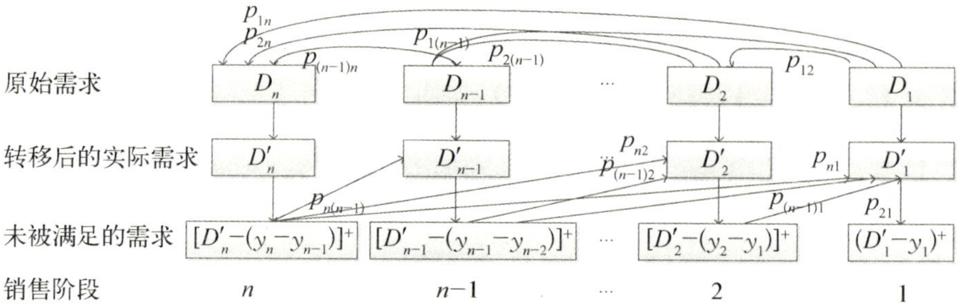

图 3-1　各阶段销售过程

需求进行预测，将其预测结果作为原始的各等级需求 $D_i(i=1, 2, \cdots, n)$，且原始需求相互独立。即原始需求与航空公司的存量控制策略无关。

航空公司的舱位开放策略遵循嵌套价格结构，同时开放低价票和高价票。机票关闭遵循从低到高的顺序，且一旦关闭，在剩下的销售时间内将不再开放。销售期一开始(即第 n 阶段)大部分 n 等级需求先到，一部分高等级需求 $(i \leqslant n-1)$ 因提前规划好了出差计划，也在销售期前期购票。当低价票可得时，提前到达的高等级需求会以一定概率转移购买低价票。假设同一等级且在相同时期到达的顾客有相同的降级购买概率 $p_{in}(i \leqslant n-1)$。当 n 等级机票购买数量达到预先设定的开放数(预订限制，用 b_n 表示，决策变量)时，关闭 n 等级机票进入 $n-1$ 阶段，只销售 $i \leqslant n-1$ 等级的机票。这时，一部分未被满足的 n 等级需求，包括降级购买而转移到该等级的原高等级需求(视为低等级需求，其依据是前景理论中的损失厌恶理论)，决定升级购买高价票，升级购买的概率记为 $p_{ni}(i \leqslant n-1)$，剩余的高等级需求 $D_i \times (1-p_{in})$ 在第 $n-1$ 阶段以 $p_{i(n-1)}(i \leqslant n-2)$ 降级购买。以此类推，直到销售期结束。D_i'为各等级需求经双向转移后的最终值，它包括一部分从高等级需求降级而来的需求，还包括从未被满足的低等级升级转移而来的需求，还要从预测的原始需求中减去一部分降级转移的需求。

在这个模型中需要决策的问题是：当存在需求的双向转移时，应该如何设定各等级最优保护水平，才能使总收益最大。

3.3　需求转移模型

模型用到的参数和变量说明如下：

变量

y_i：整数变量，嵌套机制下的各等级保护水平。

b_i：整数变量，嵌套机制下的各等级的预订限制，其中，$b_i = C - y_{i-1}$。

参数

C：航班容量。

D_i：各等级的原始需求，服从均值为 μ_i 方差 σ_i 的正态分布。

D_i'：需求双向转移后的各等级需求。

p_{ij}：如果 $i < j$，p_{ij} 为降级购买的概率，其中，$i = 1, 2, \cdots, n-1$，$j = 2, 3, \cdots, n$；如果 $i > j$，p_{ij} 为升级购买的概率，其中，$i = 2, 3, \cdots, n$，$j = 1, 2, \cdots, n-1$。

$h_{ij}(i < j)$：i 等级顾客在销售时段 j 到达的概率，其中，$i = 1, 2, \cdots, n-1$，$j = 2, 3, \cdots, n$。

r_i：i 等级机票价格。

b_i'：非嵌套的预订限制，$b_i' = y_i - y_{i-1}$。

需求和容量都是离散的，但通常为了方便建模和简化分析，当需求和容量很大时，也可以把它们看成是连续的变量。当低等级 j 的需求未被满足时，这些未被满足的低等级需求有可能会放弃购买，也有一部分乘客会提高自己的支付愿望升级购买。理论上，升级购买的需求可以购买任意较高等级 $i(1 \leqslant i \leqslant j-1)$ 的机票(图 3-1)，但在实际操作中，低等级的需求往往都是价格敏感的，如果等级 j 关闭，未被满足的需求会考虑当前开放的最低价机票，即升级到相邻的高等级 $j-1$。实际的销售流程如图 3-2 所示。

根据图 3-2 所示的转移规律，双向转移后的实际需求 D_i'可用下式计算求得：

$$D_i' = D_i \prod_{j=i+1}^{n} (1 - h_{ij} p_{ij}) + (D_{i+1}' - b_{i+1}')^+ p_{(i+1)i} + \sum_{k=1}^{i-1} \left(D_k \prod_{j=i+1}^{n} (1 - h_{kj} p_{kj}) \right) h_{ki} p_{ki}, \quad i = 2, 3, \cdots, n-1 \tag{3-1}$$

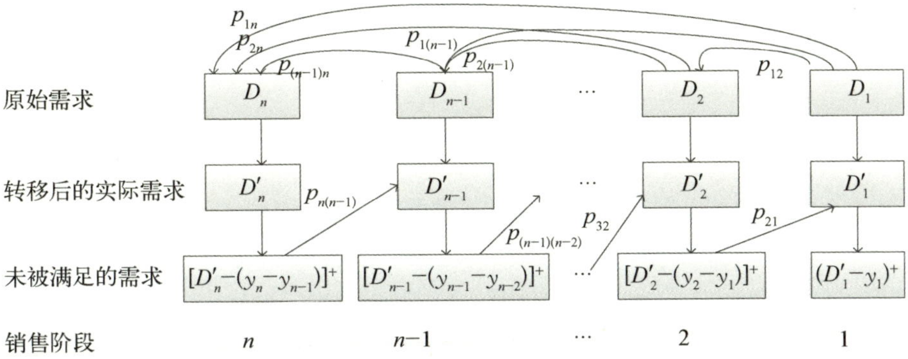

图 3 - 2　实际的升级转移情况

$i=1$ 时，最高等级的需求 D'_1 没有从更高等级降级来的需求，$i=n$ 时，最低等级的实际需求 D'_n 没有从更低等级升级而来的需求，所以，D'_1 和 D'_n 是式(3 - 1)的特殊情况，可用式(3 - 2)和式(3 - 3)分别表示：

$$D'_1=D_1\prod_{j=2}^{n}(1-h_{1j}p_{1j})+(D'_2-b'_2)^+\,p_{21} \tag{3 - 2}$$

$$D'_n=D_n+\sum_{j=1}^{n-1}D_j\times h_{jn}p_{jn} \tag{3 - 3}$$

目标函数是使航空公司的收益 Π 最大化，它是各等级保护水平 y_i 的函数。我们令如下表达式成立，$(D'_i\wedge b'_i)\equiv\min(D'_i,\ b'_i)$。则收益函数可表示为

$$\begin{aligned}\Pi(y_i)&=E\Big(\sum_{i=1}^{n}r_i\times(D'_i\wedge b'_i)\Big)\\&=E\Big(\sum_{i=1}^{n}r_i\times(D'_i\wedge(y_i-y_{i-1}))\Big)\end{aligned} \tag{3 - 4}$$

假设在第 i 个阶段开始时还剩余 y_i 个座位，此时接到一个 $i+1$ 等级的请求，我们是否要接受该请求，换句话说，我们要为第 i 及以上等级预留多少座位(即第 i 等级的保护水平 y_i^*)。要确定保护水平，必须知道将来还会有多少需求。令 S_i 表示 i 及以上等级的总需求，则有

$$S_i = \sum_{k=1}^{i}(D'_K) = \sum_{h=1}^{i}\left(D_k \prod_{j=i+1}^{n}(1-h_{kj}p_{kj})\right) + (D'_{i+1}-b'_{i+1})^{+} p_{(i+1)i} \tag{3-5}$$

通常情况下,假设对折扣票的需求大于实际开放数,即 $(D'_i \wedge b'_i) \equiv b'_i = y_i - y_{i-1}$,式(3-4)可进一步转化为

$$\Pi(y_i) = E\left\{\sum_{j=i+1}^{n} r_j \times (y_j - y_{j-1}) + \overline{r_i}(S_i \times Pr(S_i \leqslant y_i) + y_i \times Pr(S_i > y_i))\right\} \tag{3-6}$$

其中,$\overline{r_i}$ 是等级 1 到等级 i 收益的加权平均值:

$$\overline{r_i} = \frac{\sum_{k=1}^{i} r_k \times E[D_k]}{\sum_{k=1}^{i} E[D_k]}$$

其计算方法可参见文献[126]。

3.4 最优控制策略

3.4.1 嵌套保护水平

为了探讨期望总收益与决策变量 y_i 的关系,对式(3-6)求关于 y_i 的偏导 $\frac{\partial \Pi}{\partial y_i}$:

$$\begin{aligned}\frac{\partial \Pi}{\partial y_i} &= -r_{i+1} + \overline{r_i} \times [p_{(i+1)i} \times Pr(S_i \leqslant y_i) + Pr(S_i > y_i)] \\ &= -r_{i+1} + \overline{r_i} - \overline{r_i} \times Pr(S_i \leqslant y_i) \times (1 - p_{(i+1)i})\end{aligned} \tag{3-7}$$

式(3-7)随着 y_i 的增加而减小,是 y_i 的减函数。表达式(3-4)是 y_i

的凹函数，且在 $\frac{\partial \Pi}{\partial y_i}=0$ 时取得最大值。存在一个最优保护水平 y_i^* 使 $\frac{\partial \Pi}{y_i}=0$，当且仅当 $y_i > y_i^*$ 时，继续接受更低等级的订票需求，否则拒绝，保留给等级 i。y_i^* 满足以下条件：

$$Pr(S_i \leqslant y_i)=\frac{\overline{r_i}-r_{i+1}}{\overline{r_i}\times(1-p_{(i+1)i})} \tag{3-8}$$

即

$$\begin{aligned} P_r\Big(\sum_{k=1}^{i}(D'_k) &= \sum_{k=1}^{i}\Big(D_k\prod_{j=i+1}^{n}(1-h_{kj}p_{kj})\Big) \\ &\leqslant y_i-(D'_{i+1}-y_{i+1}+y_i)^+\,p_{(i+1)i}\Big) \\ &= \frac{\overline{r_i}-r_{i+1}}{\overline{r_i}\times(1-p_{(i+1)i})} \end{aligned} \tag{3-9}$$

因为 D_k 服从均值为 μ_k 标准差为 σ_k 的正态分布，所以，表达式 $\sum_{k=1}^{i}(D'_k)=\sum_{k=1}^{i}\Big(D_k\prod_{j=i+1}^{n}(1-h_{kj}p_{kj})\Big)$ 服从均值为 $\mu_s=\sum_{k=1}^{i}\Big(\prod_{j=i+1}^{n}(1-h_{kj}p_{kj})\Big)\times\mu_k$、标准差为 $\sigma_s=\sqrt{\sum_{k=1}^{i}\big(\prod_{j=i+1}^{n}(1-h_{kj}p_{kj})^2\big)\times\sigma_k^2}$ 的正态分布，所以有

$$y_i(1-p_{(i+1)i})-(D'_{i+1}-y_{i+1})\times p_{(i+1)i}=\mu_s+\sigma_s\times\Phi^{-1}\left(\frac{\overline{r_i}-r_{i+1}}{\overline{r_i}\times p_{(i+1)i}}\right)$$

为简化起见，令

$$a_i=\mu_s+\sigma_s\times\Phi^{-1}\left(\frac{\overline{r_i}-r_{i+1}}{\overline{r_i}\times(1-p_{(i+1)i})}\right)$$

则保护水平 y_i^* 可由下式得到

$$y_i^* = \frac{(D'_{i+1} - y_{i+1}) \times p_{(i+1)i} + a_i}{1 - p_{(i+1)i}} \tag{3-10}$$

定理 3.1 保护水平 y_i^* 是降级转移概率 $p_{ij}(i<j)$ 的单调减函数，是升级购买概率 $p_{(i+1)i}$ 的单调递增凹函数。

证明 首先来证明保护水平同降级转移概率之间的关系。

仅考虑 i 及其以上等级到 $i+1$ 等级的降级购买概率和保护水平 y_i^* 之间的关系，所以到其他等级的降级购买概率可看为常数。

对 y_i^* 求关于 $p_{ij}(i<j)$ 的偏导，$\dfrac{\partial y_i^*}{\partial p_{i(i+1)}} = \dfrac{\dfrac{\partial a_i}{\partial p_{i(i+1)}}}{1-p_{(i+1)i}}$。因为 $1-p_{(i+1)i} \geqslant 0$，所以此处仅考虑分子部分。

$$\frac{\partial a_i}{\partial p_{i(i+1)}} = \frac{\partial \mu_s}{\partial p_{i(i+1)}} + \frac{\partial\left(\sigma_s \times \Phi^{-1}\left(\dfrac{\overline{r_i} - r_{i+1}}{\overline{r_i} \times (1 - p_{(i+1)i})}\right)\right)}{\partial p_{i(i+1)}}$$

其中，

$$\frac{\partial \mu_s}{\partial p_{i(i+1)}} = -\sum\nolimits_{k=1}^{i} h_{k(i+1)} \prod\nolimits_{j=i+2}^{n} (1 - h_{kj} p_{kj}) \times \mu_k$$

因为对于任一等级来说，$h_{kj} p_{kj} < 1$，所以

$$(1 - h_{kj} p_{kj}) > 0,\ \prod\nolimits_{j=i+2}^{n} (1 - h_{kj} p_{kj}) > 0$$

有 $\dfrac{\partial \mu_s}{\partial p_{i(i+1)}} < 0$。

$$\frac{\partial\left(\sigma_s \times \Phi^{-1}\left(\dfrac{\overline{r_i} - r_{i+1}}{\overline{r_i} \times p_{(i+1)i}}\right)\right)}{\partial p_{i(i+1)}}$$

$$= \sqrt{\sum\nolimits_{k=1}^{i} \left(\prod\nolimits_{j=i+2}^{n} (1 - h_{kj} p_{kj})^2\right) \times \sigma_k^2 + \sum\nolimits_{k=1}^{i} (1 - h_{kj} p_{kj})^2 \times \sigma_k^2}$$

令

$$g = \sum_{k=1}^{i} \left(\prod_{j=i+2}^{n} (1 - h_{kj} p_{kj})^2 \right) \times \sigma_k^2, \quad f(p_{kj}) = \sum_{k=1}^{i} (1 - h_{kj} p_{kj})^2 \times \sigma_k^2$$

由上述假设可知，g 是一个量，所以该项的增减性同 $f(p_{kj})$ 的增减性。对 $f(p_{kj})$ 求导，则有

$$\frac{\partial f(p_{kj})}{\partial p_{kj}} = -2 \sum_{k=1}^{i} h_{kj} (1 - h_{kj} p_{kj}) < 0$$

由此可以得到，$\dfrac{\partial y_i^*}{\partial p_{i(i+1)}} = \dfrac{\dfrac{\partial a_i}{\partial p_{i(i+1)}}}{1 - p_{(i+1)i}} < 0$，所以，保护水平 y_i^* 是 i 以上等级的降级购买概率的单调减函数。

同理，证明保护水平同升级转移概率的关系。

因为假定升级转移只发生在相邻的两等级间，所以对 y_i^* 求关于升级购买概率 $p_{(i+1)i}$ 的偏导：

$$\frac{\partial y_i^*}{\partial p_{(i+1)i}} = \frac{1}{(1 - p_{(i+1)i})^2} \times \left(a_i + (D'_{i+1} - y_{i+1}) + (1 - P_{(i+1)i}) \frac{\partial a_i}{\partial p_{(i+1)i}} \right)$$

为方便讨论，令

$$f(p_{(i+1)i}) = \left(a_i + (D'_{i+1} - y_{i+1}) + (1 - P_{(i+1)i}) \frac{\partial a_i}{\partial p_{(i+1)i}} \right)$$

令

$$g(p_{(i+1)i}) = \frac{1}{(1 - p_{(i+1)i})^2}$$

首先，证明 $f(p_{(i+1)i}) > 0$。

因为 a_i 是 $p_{(i+1)i}$ 的增函数，所以有 $\dfrac{\partial a_i}{\partial p_{(i+1)i}}>0$。$0<P_{(i+1)i}<1$，所以 $(1-p_{(i+1)i})\dfrac{\partial a_i}{\partial p_{(i+1)i}}>0$。

根据式(3-10)，$a_i=(1-p_{(i+1)i})y_i^*-(D'_{i+1}-y_{i+1})\times p_{(i+1)i}$，把 a_i 代入到 $f(p_{(i+1)i})$ 中，有下式成立：

$$
\begin{aligned}
f(p_{(i+1)i}) &= ((1-p_{(i+1)i})y_i^*-(D'_{i+1}-y_{i+1}) \\
&\quad \times p_{(i+1)i}+(D'_{i+1}-y_{i+1}) \\
&= (1-p_{(i+1)i})\times(D'_{i+1}-y_{i+1}+y_i^*) \\
&= (1-p_{(i+1)i})\times(D'_{i+1}-(y_{i+1}-y_i^*))
\end{aligned}
$$

根据前面的介绍，$y_{i+1}-y_i^*=b_{i+1}$ 是第 $i+1$ 等级的预订限制，且对折扣票的需求往往大于为折扣票分配的预订限制，所以 $(D'_{i+1}-(y_{i+1}-y_i^*))>0$。综上，我们证明了 $f(p_{(i+1)i})>0$，且是 $p_{(i+1)i}$ 的增函数。

显然，$g(p_{(i+1)i})=\dfrac{1}{(1-p_{(i+1)i})^2}>0$ 且是 $p_{(i+1)i}$ 的增函数。所以 $f(p_{(i+1)i})\times g(p_{(i+1)i})>0$，即 y_i^* 是 $p_{(i+1)i}$ 的单调递增凹函数。 □

定理 3.1 说明保护水平随降级购买概率的增加而减小。在实际应用中，要求航空公司应当为不同等级票设置相应的价格栅栏，防止较高等级需求向较低等级需求的转移。同时，定理 3.1 还说明保护水平是升级购买概率的单调递增凹函数，随着升级购买概率的增加而增加。航空公司为使收益最大化，要尽量提升升级购买的转移概率。降级转移概率和升级转移概率的计算在下面详细给出。

3.4.2 转移概率的计算

要通过式(3-10)求各等级的最优嵌套保护水平，必须首先计算出转移概率的大小。一个常用的升级概率计算模型是“FRAT5”(Belobaba 等(2004))[127]。升级购买的概率公式为

$$p_{(i+1)i} = e^{-\left(\frac{r_i}{r_{i+1}}-1\right)\times\alpha} \tag{3-11}$$

其中，$\alpha = \dfrac{-\ln 0.5}{frat5_{tf}-1}$，是某一时间区间里表示升级购买的一个常量，$frat5_{tf}$是当升级购买概率为 50%时的价格比，$tf$ 是时间阶段。在本模型中，把销售期分为 n 个阶段，$frat5_{tf}$随着起飞日期的临近(n 逐渐减小)而增加[118]。α 在一固定的时间阶段内为一常量，我们称它为价格替代敏感系数，$frat5_{tf}$越大，α 越大，说明原始低等级需求对价格越不敏感，即越临近起飞日期，乘客的最大支付意愿也在不断提高，越容易升级购买。

同理我们来构建降级购买的概率模型。将转移购买的概率与价格比之间的关系用坐标图表示如图 3-3 所示。

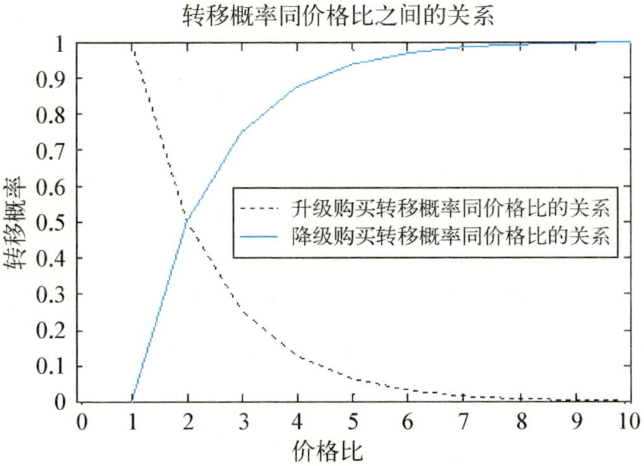

图 3-3　转移概率同票价比之间的函数关系

在图 3-3 中，只考虑了一个时间区间，升级转移概率同价格比之间的关系是典型的负指数函数；而降级转移概率同价格比之间的函数关系可以描述为一个关于 $y=1$ 对称的负指数函数，可以表示为

$$p_{ij}=1-e^{\left(1-\frac{r_i}{r_j}\right)\times\beta}(i=1,\ 2,\ \cdots,\ n-1;\quad j=2,\ 3,\ \cdots,\ n;\ i<j) \tag{3-12}$$

其中，β 为一常量，表示某一时间段里降级购买发生的程度，它是时间段的函数，与升级购买概率中 α 不同，因为降级购买可以发生在任一阶段的任一等级和当前最低等级间，转移概率除了和两等级的价格比有关外，还受不同等级到达率的影响。如图 3-4 所示，不同等级的需求在不同时段的到达规律可以通过 beta 分布图来刻画[128]。设定不同的参数值拟合不同等级需求的到达情况（横坐标代表当前时段同总销售时段的比例）。较低等级的需求多数会在销售的前期到达，而高等级的需求则会在销售的后期到达。

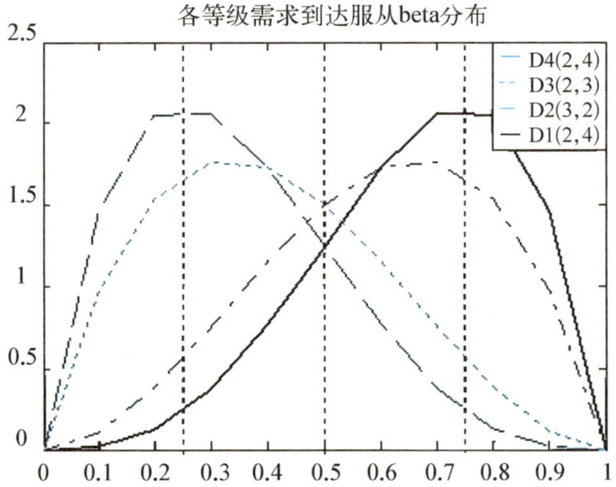

图 3-4　各等级需求的到达规律

如在第 4 阶段，最高等级到最低等级的降级概率较大，但是第 1 等级的顾客在第 4 阶段到达的比率非常小，这也使得 1—4 的实际降级购买概率大大减小，因此引入一个阶段修正系数 h，它可以看作是各等级在不同阶段到达的比率。令 $\beta=\dfrac{-\ln 0.5}{frat5'_{tf}-1}\times h$，$frat5'_{tf}$ 是当降级购买概率为 50%时的价格比，随着起飞日期的临近（n 逐渐减小）而增加。称 β 为产品替代敏感系数，$frat5'_{tf}$越大，β 越大，对产品本身越敏感，即越临近起飞日期，降级购买的概率越小。

定理 3.2　票价等级净收益越接近，升级转移概率越高，降级转移概率越低。

证明　转移率同票价比之间的关系在图 3-3 中也有所体现，这里主要是给出简单的数学证明。

首先分析升级转移概率，如式(3-11)。因为前面假设了所有的升级转移只发生在相邻的两等级间，假设票价比用 $v_{(i+1)i}=\dfrac{r_i}{r_{i+1}}$ 表示，为了证明升级转移率同票价比之间的依存关系，对式(3-11)求关于 $v_{(i+1)i}$ 的偏导：

$$\frac{\partial p_{(i+1)i}}{\partial v_{(i+1)i}}=-\alpha e^{-\alpha\times v_{(i+1)i}}<0$$

所以由上式可以得到，升级转移概率是相邻两等级的票价比的减函数。

再来分析降级转移概率，如式(3-12)。因为降级转移可以发生在任何两个等级之间，所以假设任意两等级的票价比用 $v_{ij}=\dfrac{r_i}{r_j}$ $(i<j)$ 表示。对其求偏导：

$$\frac{\partial p_{ij}}{\partial v_{ij}}=\beta e^{(1-v_{ij})\times\beta}>0$$

所以，降级转移率是两等级票价比的增函数。　□

首先，航空公司在确定价格机制时，应尽量设立多等级票价，满足不同消费者的需求。Phillips, R. L. (2005)[129]证明了票价等级越多收益越高。目前几乎所有的航空公司都采用了多等级价格机制，比如国内的航空公司根据票价折扣的不同制定了十几种价格等级，目的就是捕捉不同需求的乘客，以增加收益。定理 3.2 说明相邻两等级票价越接近，升级购买的概率越大。这个很容易理解，当乘客所心仪的低价票关闭后，其心理价位会有所提高。如果差价不大，乘客可以接受，更愿意发生转移，否则，如果差价过大，超过乘客能承受的心理价位时，乘客宁愿放弃购买。所以，航空公司如果采用多级价格机制，应使相邻等级的票价尽量接近以提高低等级向高等级需求的转移。同时，定理 3.2 说明两等级票价越接近，降级购买的概率越小，因为乘客不愿意为了微不足道的成本节约而放弃相应的权限，如退改签限制。因为降级购买可以发生在任意两等级之间，不可能全部做到高、低等级票价的接近，即低价票不低，高价票不高，这也不利于增加收益。但通常情况下航空公司在售票时是先开放低价票，而高等级需求一般要在销售的后期到达，此时低价票已关闭，开放的均是较高价位的机票，无形中使得开放的等级票价比较接近，限制了降级购买需求的转移。这要求航空公司能正确估计需求，在恰当的时间开放恰当的机票。

3.5 算例分析

本算例使用 Talluri，K. T. 等(2005)[42]的数据。航空公司采用四层票价结构，每一等级的票价有相应的退改签条件。各等级票价的原始需求分别服从均值为 μ_i 标准差为 σ_i 的正态分布。与机票等级相对应，把销售周期分为 4 个阶段，第 4 阶段为起始阶段，可供选择的机票等级为 1,2,3,4，第 4 等级机票售完进入第 3 阶段，以此类推。相应阶段最低票价关闭则进入下一阶段，第 1 阶段只有 1 等级机票出售。依历史数据估计，在各阶段降级的 $frat5'_{tf}$ 和升级的 $frat5_{tf}$ 的值如下：$frat5'_{tf}=(1.5,2,3)$，$tf=4,3,2$，在第 1 阶段，不会发生降级购买；$frat5_{tf}=(1.2, 1.3, 1.5)$，$tf=3, 2, 1$，在第 4 阶段，没有升级的需求。如图 3-4 所示，当销售周期划分为 4 个阶段时，各等级需求在不同阶段到达的概率即降级购买各阶段的修正系数取 $rf=(0.1, 0.3, 0.5)$，即分别有 10%、30%、50%的第 1 等级需求分别在第 4、3、2 阶段到达，30%和 50%的第 2 等级需求在第 4 阶段和第 3 阶段到达，50%的第 3 等级需求在第 4 阶段到达。由式(3-11)和式(3-12)计算出的升级购买概率和降级购买概率见表 3-1 右侧数据。某航班的其他数据如表 3-1 所列。

表 3-1　某航班数据

票价等级	价格 f_i	需求的均值 μ_i	标准差 σ_i	转移概率 P_{ij}(保留两位)			
				1	2	3	4
1	1 050	17.3	5.8	0	0.04	0.19	0.30
2	950	45.1	15.0	0.86	0	0.22	0.58
3	699	39.6	13.2	0	0.44	0	0.45
4	520	34.0	11.3	0	0	0.30	0

3.5.1　不同存量控制策略下的保护水平

首先，通过计算比较一下需求独立时、只考虑需求向上转移、同时考虑顾客需求的双向转移三种存量控制决策下的保护水平。保护水平的计算过程大致相同，此处直接给出结果，不再详细演示计算过程。需求独立时，保护水平

$$y_{ini}^{*}=\sum_{k=1}^{i}\mu_k+\sqrt{\sum_{k=1}^{i}\sigma_k^2}\times\Phi^{-1}\left(\frac{\overline{r_i}-r_{i+1}}{\overline{r_i}}\right)$$

只考虑升级购买行为时的保护水平由

$$y_{upi}^{*}=\frac{(D_{i+1}-y_{i+1})\times p_{(i+1)i}+\sum_{k=1}^{i}\mu_k+\sqrt{\sum_{k=1}^{i}\sigma_k^2}\times\Phi^{-1}\left(\dfrac{\overline{r_i}-r_{i+1}}{\overline{r_i}(1-p_{(i+1)k})}\right)}{1-p_{(i+1)i}}$$

求得，需求双向转移时的保护水平由式(3-10)求得。

式中 $D_{i+1} = E[D_{i+1}] = \mu_{i+1}$

结果如表 3-2 所列。

表 3-2 不同控制策略下的保护水平

需求之间的关系	等级	保护水平	预订限制
相互独立	1	9.7	120
	2	53.3	110.3
	3	96.8	66.7
	4	120	23.2
需求单向转移	1	38.4	120
	2	59.6	81.6
	3	114.7	60.4
	4	120	5.3
需求双向转移	1	23.6	120
	2	28.1	96.4
	3	52.8	91.9
	4	120	67.2

3.5.2 期望收益

利用 MATLAB 分别取 1 000 组服从正态分布的随机数据(各等级需求分布见表 3-1)，作为各等级原始需求。依据 3.3 节中的表达式(3-1)、式 3-2、式 3-3 和表 3-2 中的保护水平，分别求出存在需求双向转移时的转移后的各等级需求 D_i'。在实际存在需求的双向转移的真实环境中，比较需求独立、向上转移、双向转移三种存量控制策略下的收益。根据期望收益公式(3-4)计算求出三种策略下的最大期望收益。

通过计算得到不同控制策略下的各样本数据的期望收益，如图 3-5 所示。在图中可以看到，考虑需求双向转移的期望收益要大于需求独立和单向转移的期望收益，且多数收敛于存量策略下的最大期望收益。

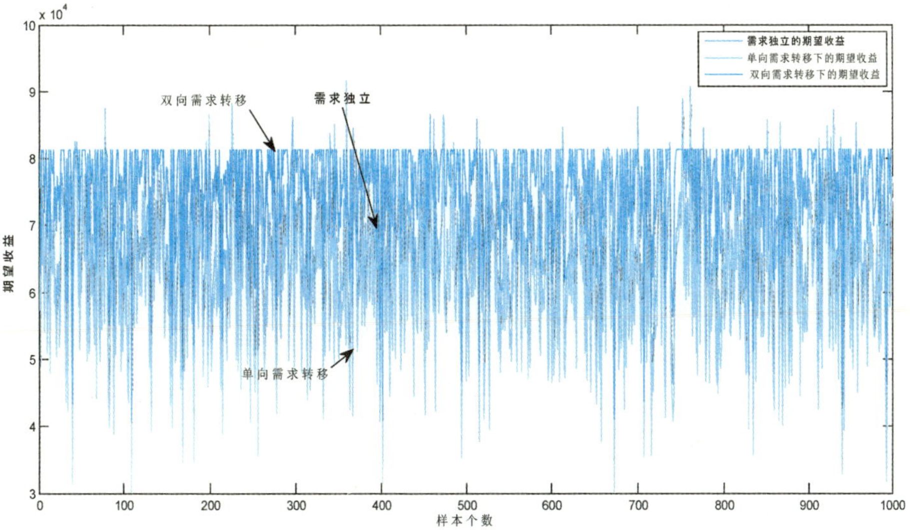

图 3-5　三种策略下的样本数据的收益

通过对 1 000 组样本数据的拟合得到如图 3-6 所示曲线。从图 3-6 数据可以看出,考虑需求双向转移的期望收益要大于不考虑需求转移或仅考虑需求向上转移时的收益。需求单向转移的收益管理模型得到的收益最低,这是因为仅认为需求有向上转移的趋势,而忽略了高等级的需求向下转移,为高等级保留了过多的座位,造成了座位的虚耗,从而使收益降低。

3.6 本章小结

本书综合考虑了需求向上和向下双向转移对航空公司存量控制策略的影响,着重研究了多等级价格机制下的单航段机票存量控制决策。与以往机票存量控制的研究相比,本模型的贡献主要体现在以下两个方面:一是综合考虑了需求在多等级机票间的双向转移,建立了多等级票价体系下

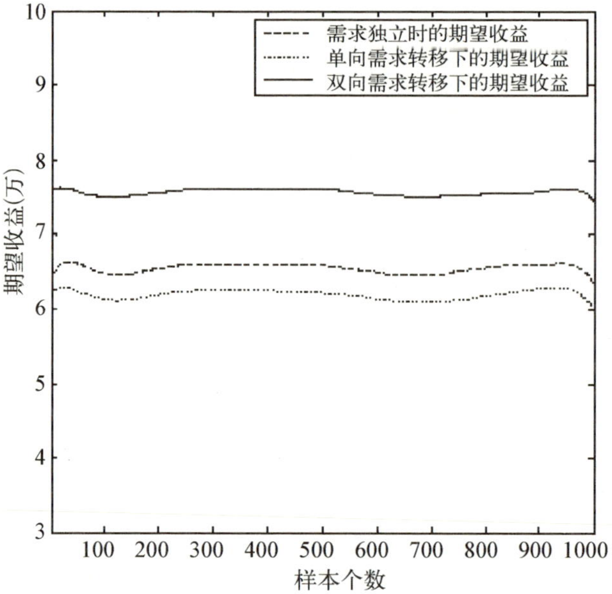

图 3-6 不同控制策略下的期望收益

的静态模型;二是充分考虑了顾客的需求转移与机票价格的依存关系,定量刻画了旅客需求转移的概率,特别是给出了降级转移概率的计算模型。

数值算例验证了模型的实用性,但同时还表明,价格组合是决定转移概率的一个重要因素。也就是说,如何定价对航空公司的收益起着举足轻重的作用,因此本书可以拓展为研究航空公司的最优存量控制和最优定价的联合决策;另外,本书只研究了垄断市场环境下乘客需求的纵向双向转移,忽略了竞争的因素,所以另一个拓展方向是可以考虑多航班竞争情况下存在需求的纵向和横向的复杂转移时的存量控制。本模型为航空公司应对乘客需求转移带来的收益下降提供了参考。

第4章 竞争环境下基于需求转移的座位分配博弈问题

竞争环境下，乘客在购买机票时，需求会在不同航空公司、不同产品间转移，航空公司在制定舱位分配决策时，不仅要考虑自己的控制策略对消费者需求的影响，同时，还要考虑竞争的航空公司的控制策略对本公司的影响。本章考虑竞争环境下，基于需求在航空公司间的水平转移和不同票价等级间的纵向转移，研究航空公司的舱位分配博弈问题。本章的结构如下：4.1 节介绍研究背景及相关文献综述；4.2 节是问题描述以及假设；4.3 节给出了两家航空公司博弈的重复博弈模型，在此基础上对航空公司最优舱位控制策略进行分析；4.4 节通过模拟算例分析；4.5 节给出了本章的结论。

4.1 研究背景

收益管理是航空公司增加收益的有效手段，Feldman(1991)[130]指出使用收益管理系统会为航空公司增加 2%～7%的收益。如何解决不同票价等级间的座位分配是收益管理中最核心的问题[131]。

国内外学者对座位分配问题进行了深入而广泛的研究，但多数早期的文献均假设垄断的市场环境[5,16,132]，竞争条件下的座位分配研究并不充分。但实际上，航空公司的竞争非常激烈。表 4－1 是某日我国京沪航线的部分航班时刻表，从表中可以看出，有多家航空公司向乘客提供几乎完全相同(同时、同价、同机型)的产品。当旅客的原始需求不能得到满足时，其需求会在不同公司不同产品间转移。所以，一个航空公司的需求和收益不但与它的座位分配策略有关，而且还会受其竞争对手策略的影响。

表 4－1　某日京沪航线部分航班时刻表

航空公司	航 班 号	机　　型	起飞时间	价格(预订)
CA	1590	Airbus 330	8:55	810 元
MU	5103	Airbus 330	9:00	827 元
CZ	5140	Airbus 330	10:00	810 元
MU	5105	Airbus 330	10:00	827 元
CA	1832	Airbus 330	10:55	810 元
MU	5107	Airbus 330	11:00	827 元

最早对竞争环境下的收益管理展开研究的是 Belobaba 和 Wilson (1997)[52]。他们利用仿真的方法来证明在竞争的环境下，航空公司使用收益管理系统能否提高利润。目前，研究竞争市场的收益管理文献主要是运用博弈论的理论来研究双寡头竞争环境下的座位分配问题，即由两家航空公司提供两个等级的单航段的竞争问题[53-55]。他们均证明了所研究问题中纯策略纳什均衡的存在性、唯一性和稳定性，而且他们的结论都表明在竞争环境下的低等级的预订限制要比垄断环境下的要少。但他们的研究都是事先确定预订限制，即构建的是静态模型，不能根据观察到的需求情况进行实时调整，多数情况下并不能达到收益的最优。Brumelle，S. 等(2003)[57]指出动态规划可以有效解决竞争环境下的座位分配问题。本书建立了两家航空公司的动态博弈模型，航空公司可以根据剩余座位和时间实时确定最优座

位分配策略以实现收益的最大化。但是，因为动态非合作非零和博弈模型计算复杂[42]，很难得到它的精确均衡解[63]。为了避免计算的复杂性，Schütz 等(2012)[64]和 Zhang 等(2006)[65]用近似模型求得次优解，但这些近似均衡的结果并不令人满意。本书通过合理的假设，设计了高效的算法，能在较短的时间内精确计算出该重复博弈的子博弈完美纳什均衡。

国内的学者对国外研究的成果进行了扩展，陈慧等(2008)[66]将 Netessine 等(2005)[56]的水平竞争模型由两个价格等级扩充到三等级，并得到了一些有益的结论。汪瑜等(2009)[67]构建了竞争环境下航班舱位控制博弈模型，计算求出各航班低价票的最优预订水平。但是与国内学者研究不同的是，本研究不但考虑了需求的水平转移，还考虑了需求的纵向转移，建立了基于需求双向转移的离散时间动态博弈模型。另外，罗利等分别于 2007 年[68]和 2012 年[69]还研究了竞争环境下的航班动态定价问题，求出了最优价格切换的时间阈值。与他们不同，本书从舱位控制的角度构建阈值模型，而且这个阈值是剩余座位和时间共同作用的阈值。

综上所述，目前的研究均具有一定合理性和借鉴意义，但也存在不足。因此，本章在前人研究基础上，着重探讨竞争环境下的座位分配问题。在博弈理论的框架下，进行模型描述和假定，构建动态博弈模型；不但考虑需求在不同航空公司同等级间的水平转移，同时还将不同等级产品间的纵向转移考虑在内；在合理假设前提下，对重复博弈模型进行分析和比较，并给出均衡策略路径；通过数值分析，对所得结论进行验证。较好解决了动态均衡求解难的问题，为现实经济环境中航空公司座位分配提供了借鉴。

4.2　问题描述和假设

本章讨论的问题是竞争环境下单航段的多个航班的动态舱位分配策

略。每个航班提供多个价格等级，旅客依据自身偏好选择不同产品，但当旅客的初始需求不能得到满足时，其需求会在不同产品间自由转移。包括在不同航空公司相同等级间的溢出转移即水平转移，同一航班间不同等级间的纵向转移，不同航班、不同等级间的斜向转移。在这种市场环境下，航空公司制定座位分配策略时，要综合考虑竞争对手的策略。为了简化问题，这里只考虑两个竞争航班的情况(图 4-1)。假设两个航班的起飞时间非常接近，即销售期可近似相等，等分为 N 个阶段，其中，N 是开始售票时间点，0 是销售结束时间点，即飞机起飞时间。各自的容量分别为 C_1 和 C_2 (C_1 可以等于 C_2)，不考虑取消和超售的情况。假设两航班都提供两种不同的价格等级 r_1 和 r_2，且 $r_1 > r_2$。假设相同价格等级的机票是同质的，不同价格等级的机票是异质的，不考虑旅客在机型、机上服务等其他因素感知效用上的差异。假设潜在旅客购买机票的一个基本前提是其心理价位高于机票的实际价格，否则会放弃购买。旅客的心理价位(记为 v)是独立同分布的，其累积分布函数为 $F(v)$，不失一般性，该函数连续可微且严格递增。

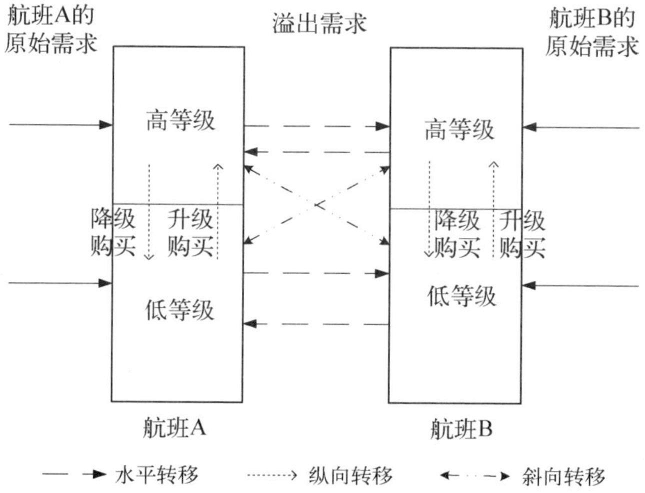

图 4-1　竞争环境下两航班两等级的需求转移

为了建模的需要，做如下假设：

假设 1　所有旅客划分为三类，类型 1、类型 2 和类型 3。其中类型 1 和类型 2 分别为航班 A、航班 B 的忠实旅客，只购买航空公司 A 或航空公司 B 的航班。类型 3 是弹性旅客。

类型 1 和类型 2 的旅客只会购买认定航空公司的航班，即使另一航班提供的机票价格更低，他们也不会改变自己的选择。比如因公出差的商务旅客、航空公司 VIP 旅客等，他们为了获得积分或里程奖励，往往会选择指定航空公司的航班。类型 3 这类旅客对价格高度敏感，他们只选择价格最低航班。休闲旅客大多都属于这种类型。基于上述分类和假设，图 4－1 中所示复杂的多向需求转移可简化为图 4－2 中所示的水平转移和纵向转移的双向转移情况。

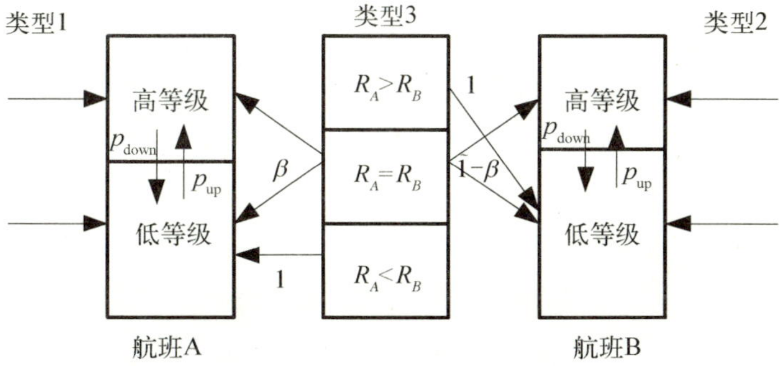

图 4－2　三类旅客的需求转移

假设上述三类旅客的比重分别为 $\alpha_k(0<\alpha_k<1)$，$k=1, 2, 3$ 且 $\sum\alpha_k=1$，旅客到达服从齐次泊松分布，总到达率为 λ，则每类旅客的到达率为 $\lambda_k=\alpha_k\lambda(k=1, 2, 3)$。

航空公司遵循嵌套的价格机制，在销售期开始时同时开放高低价票。R_A 和 R_B 分别表示航空公司 A 和航空公司 B 的当前可售机票中的低价，当旅客需求到达且其心理价位 $v\geqslant R_A$（或 $v\geqslant R_B$）时，机票售出的概率为

$$Pr(v \geqslant R_A) = 1 - F(R_A) \quad 或 \quad Pr(v \geqslant R_B) = 1 - F(R_B)$$

假设 2 如果低价票开放，即 $R_A = R_B = r_2$，类型 1 和类型 2 的低价票需求 ($r_2 \leqslant v \leqslant r_1$) 和类型 3 ($v \geqslant r_2$) 的旅客购买低价票，类型 1 和类型 2 的高价票需求 ($v \geqslant r_1$) 会以相同的概率 p_{12} 降级购买；如果低价票关闭，即 $R_A = R_B = r_1$，所有的高价票需求购买高价票，低价票需求会以相同的概率 p_{21} 升级购买。

假设 3 类型 3 的旅客购买机票服从以下规律：

• $R_A \neq R_B$，且 $v \geqslant (R_A \wedge R_B)$ ($(R_A \wedge R_B) = \min(R_A, R_B)$) 时，选择购买票价更低的航班；

• $R_A = R_B$，且 $v \geqslant (R_A = R_B)$ 时以概率 β 购买航班 A，以概率 $1-\beta$ 购买航班 B。

假设 4 低价票一旦关闭，在接下来的销售时期内不再开放。这一假设非常重要，它可以避免由策略性顾客的选择行为造成的收益下降，而且被行业广泛接受。

4.3 博弈模型和对策

4.3.1 博弈模型

为了便于后面的建模和讨论，把模型中用到的参数根据出现的先后顺序做如下说明：

参数和变量说明

N：销售总阶段数，其中，N 表示销售期开始阶段，0 表示销售期结束，即飞机起飞时间。

C_j：航班 j 的容量，本章只考虑两个航空公司间的竞争，所以 $j = 1, 2$。

r_i：等级 i 机票价格，本章只考虑两级机票，所以 $i=1, 2$，其中，$i=1$ 代表高价票，$i=2$ 代表低价票。

v：乘客的心理价位，服从某一分布，其累积分布函数为 $F(v)$。

α_k：k 类乘客的比例，且满足 $\sum_k \alpha_k = 1$，本章中，$k=1, 2, 3$。

λ：乘客的总到达率，乘客到达服从齐次泊松分布。

λ_k：k 类乘客的到达率，且满足 $\lambda_k = \alpha_k \lambda$。

$R_A(R_B)$：航班 A 或航班 B 的当前可售机票中的低价票价格。

β：当 $R_A = R_B$ 时，弹性乘客购买航班 A 的概率，则购买航班 B 的概率为 $1-\beta$。

$y_A^n(y_B^n)$：在第 n 阶段 A(B)航班分别剩余的座位数。

$P_{Aj}^n(P_{Bj}^n)$：航班 A(B)的 j 等级机票的需求率。

两航班需要决策的问题是：每一阶段开始时是否停止销售低价票，即确定停止销售低价票的最佳停止点。该停止点由剩余座位数和销售时间共同决定。

当低价票开放时，考虑高价票需求的降级购买，航班 A 中来自旅客类型 1 对低价票的需求率为 $\lambda_1(Pr(r_2 \leqslant v \leqslant r_1) + Pr(v \geqslant r_1)p_{12})$，对高价票的需求率为 $\lambda_1 Pr(v \geqslant r_1)(1-p_{12})$。依据对类型 3 旅客价格高度敏感的假设，当低价票可得时，所有类型 3 的无论其原始心理价位高低，都会选择购买低价票。对航班 A 的低价票需求率为 $\lambda_3 Pr(v \geqslant r_2) I_{(R_A<R_B)} + \beta\lambda_3 Pr v \geqslant r_2 I_{(R_A=R_B)}$。所以航班 A 低价票的有效需求可由下式表示：

$$
\begin{aligned}
P_{A2}^n = &\lambda_1(Pr(r_2 \leqslant v \leqslant r_1) + Pr(v \geqslant r_1)p_{12}) \\
&+ \lambda_3 Pr(v \geqslant r_2) I_{(R_A<R_B)} \\
&+ \beta\lambda_3 Pr(v \geqslant r_2) I_{(R_A=R_B)}
\end{aligned}
\tag{4-1}
$$

高价票需求为原始的高价票需求减去降级购买的需求，即

$$P_{A1}^{n} = \lambda_1 Pr(v \geqslant r_1)(1 - p_{12}) \tag{4-2}$$

其中，$I_{条件}$是一个指示函数，它满足以下条件：

$$I_{条件} = \begin{cases} 1 & 条件成立 \\ 0 & 其他 \end{cases} \tag{4-3}$$

与之类似，对航班 B 的低价票和高价票的需求率，有下式成立：

$$\begin{aligned} P_{B2}^{n} &= \lambda_2 [Pr(r_2 \leqslant v \leqslant r_1) + Pr(v \geqslant r_1) p_{12}] \\ &\quad + \lambda_3 Pr(v \geqslant r_2) I_{(R_A > R_B)} \\ &\quad + (1-\beta)\lambda_3 Pr(v \geqslant r_2) I_{(R_A = R_B)} P_{B1}^{n} \\ &= \lambda_2 Pr(v \geqslant r_1)(1 - p_{12}) \end{aligned} \tag{4-4}$$

令 $\Pi_{AO}(n,\ y_A)$，$\Pi_{BO}(n,\ y_B)$ 表示当低价票依旧开放在第 n 阶段航空公司 A 和航空公司 B 有 y_A 和 y_B 个座位剩余时的期望收益。假设每个旅客只购买一张机票，且不考虑取消和爽约，则有

$$\Pi_{AO}(n,\ y_A) = P_{A2}^{n} r_2 + P_{A1}^{n} r_1 \tag{4-5}$$

$$\Pi_{BO}(n,\ y_B) = P_{B2}^{n} r_2 + P_{B1}^{n} r_1 \tag{4-6}$$

令 $F_A(n,\ y_A)$，$F_B(n,\ y_B)$ 表示目前 y_A 和 y_B 个座位剩余时从第 n 阶段到飞机起飞间最大期望收益，则有下式成立：

$$\begin{aligned} F_A(n,\ y_A) = \max(&P_{A2}^{n}(r_2 + F_A(n-1,\ y_A - 1)) \\ &+ P_{A1}^{n}(r_1 + F_A(n-1, y_A - 1)) \\ &+ (1 - P_{A2}^{n} - P_{A1}^{n}) F_A(n-1,\ y_A)) \end{aligned} \tag{4-7}$$

$$\begin{aligned} F_B(n,\ y_B) = \max(&P_{B2}^{n}(r_2 + F_B(n-1,\ y_B - 1)) \\ &+ P_{B1}^{n}(r_1 + F_B(n-1,\ y_B - 1)) \\ &+ (1 - P_{B2}^{n} - P_{B1}^{n}) F_B(n-1,\ y_B)) \end{aligned} \tag{4-8}$$

且满足以下边界条件：

$$F_A(0,\ y_A)=0,\ F_A(n,\ 0)=0,\ F_B(0,\ y_B)=0,\ F_B(n,\ 0)=0$$

$$n=0,\ 1,\ 2,\ \cdots,\ N,\ y_A,\ y_B=0,\ 1,\ 2,\ \cdots,\ C$$

上式中，右边项第一项代表在第 n 阶段以低价票售出一张机票的期望总收益；第二项代表以高价票售出一张票的期望总收益；最后一项表示当前没有机票出售、该机票保留至下一阶段的期望总收益。

当低价票关闭后，系统只开放高价票。原始的低等级需求到达并会以概率 p_{21} 升级购买高价票。所以，类型 1 中航班 A 的高价票需求率为

$$\lambda_1 Pr\{r_2/leqv \leqslant r_1\}p_{21}+Pr\{v\geqslant r_1\}$$

来自类型 3 的高价票需求率是 $\beta\lambda_3 I_{(R_A=R_B)}(Pr\{r_2\leqslant v\leqslant r_1\}p_{21}+Pr\{v\geqslant r_1\})$。航班 B 情况类似。则有下式成立：

$$P_{A1}^n=(\lambda_1+\beta\lambda_3 I_{(R_A=R_B)})(Pr\{r_2\leqslant v\leqslant r_1\}p_{21}+Pr\{v\geqslant r_1\}) \tag{4-9}$$

$$P_{B1}^n=(\lambda_2+(1-\beta)\lambda_3 I_{(R_A=R_B)})(Pr\{r_2\leqslant v\leqslant r_1\}p_{21}+Pr\{v\geqslant r_1\}) \tag{4-10}$$

$\Pi_{AC}(n,\ y_A)$，$\Pi_{BC}(n,\ y_B)$ 表示当低价票关闭后在第 n 阶段航空公司 A 和航空公司 B 有 y_A 和 y_B 个座位剩余时的期望收益。则有下式成立：

$$\Pi_{AC}(n,\ y_A)=P_{A1}^n r_1 \tag{4-11}$$

$$\Pi_{BC}(n,\ y_B)=P_{B1}^n r_1 \tag{4-12}$$

令 $G_A(n,\ y_A)$，$G_B(n,\ y_B)$ 表示目前 y_A 和 y_B 个座位剩余时从第 n 阶段到飞机起飞间最大期望收益，则有下式成立：

$$G_A(n, y_A) = \max\{P_{A1}^n[r_1 + G_A(n-1, y_A-1)] + (1-P_{A1}^n)G_A(n-1, y_A)\} \tag{4-13}$$

$$G_B(n, y_B) = \max\{P_{B1}^n[r_1 + G_B(n-1, y_B-1)] + (1-P_{B1}^n)G_B(n-1, y_B)\} \tag{4-14}$$

且满足以下边界条件：

$$G_A(0, y_A) = 0, G_A(n, 0) = 0, G_B(0, y_B) = 0, G_B(n, 0) = 0$$
$$n = 0, 1, 2, \cdots, N, y_A, y_B = 0, 1, 2, \cdots, C$$

上式中，右边项第一项代表在第 n 阶段以高价票售出一张票的期望总收益；第二项表示当前没有机票出售，该机票保留至下一阶段的期望总收益。

4.3.2 最优控制策略

两个航空公司座位分配决策模型是个双人有限次重复博弈，在每一回合的博弈中，博弈方都有两种策略选择：开放低价票和关闭低价票。原博弈的收益矩阵如图 4-3 所示，数组中第一个数为航班 B 的收益，第二个数为航班 A 的收益，它是一个完全信息的静态博弈，双方同时选择对策。

		航班 A：开 放	航班 A：关 闭
航班B	开放	$\Pi_{BO}(n, y_B), \Pi_{AO}(n, y_A)$	$\Pi_{BO}(n, y_B), \Pi_{AC}(n, y_A)$
航班B	关闭	$\Pi_{BC}(n, y_B), \Pi_{AO}(n, y_A)$	$\Pi_{BC}(n, y_B), \Pi_{AC}(n, y_A)$

图 4-3 原博弈的收益矩阵

原博弈中，如果一方选择关闭低价票，而另一方选择开放低价票，则依据前面的假设，所有类型 3 的旅客会流向开放低价票的航班，因此，另一方也会选择开放低价票，所以，(开放，开放)是原博弈的一个纯策略纳什均衡。然而当只有少数机票剩余且需求充足时，理性的决策者都会选择关闭低价票以获得更大的收益，所以，（关闭，关闭）也是一个纳什均衡。我们还假定低价票一旦关闭将不再开放，所以，（开放，关闭）和（关闭，开放）也会是另外的两个纳什均衡。原博弈是一个有多个动态纳什均衡的博弈模型。

重复博弈是原博弈在每一个销售时间段的重复进行，共进行 N 个回合的博弈。重复博弈的收益矩阵如图 4－4 所示，与图 4－3 相似，不同之处在于在重复博弈中，其收益是由式(4－7)、式(4－8)、式(4－13)、式(4－14)计算求得，是从当前销售阶段到飞机起飞这一时间段的最大期望收益之和（不考虑贴现）。

		航班 A 开放	航班 A 关闭
航班 B	开放	$F_B(n, y_B), F_A(n, y_A)$	$F_B(n, y_B), G_A(n, y_A)$
	关闭	$G_B(n, y_B), F_A(n, y_A)$	$G_B(n, y_B), G_A(n, y_A)$

图 4－4　重复博弈的收益矩阵

假设两个博弈方都是理性的，依据当前剩余座位和对将来需求的预测，决定是否关闭低价票以实现自身收益的最大化。两博弈方首先采取试探合作的策略，开始时双方都采取（开放，开放）的策略组合，一旦发现对方不合作则也用不合作相报复的策略，即触发策略。

航班 A：开始时选择开放，如上一阶段博弈的结果是（开放，开放），则在本阶段决策是否依然选择开放，且一旦选择关闭，则启动触发策略，即到销售期结束一直保持关闭。如果上一阶段博弈的结果是（开放，关闭），即 B 如果在上一阶段选择了关闭低价票，那么触发策略对 B 生效，B 只能保持关闭直到销售结束，而 A 可以比较关闭和开放低价票时的收益，当且仅当 $G_A(n, y_A) > F_A(n, y_A)$ 时，选择关闭，否则选择开放。

航班 B：其策略同航班 A。

这个重复博弈模型中用到了触发策略，即一旦有博弈方背叛了原来的合作策略，守约方将在下一轮采取策略进行报复。在上面的重复博弈模型中，“低价票一旦关闭将不允许再次开放”就是对违约者的惩罚，即守约方可以根据自身收益情况选择开放或关闭的策略，而违约方只能保持关闭直到博弈结束。两个博弈方知道并严格遵守这一约定，保证了报复机制的可信性。

我们用逆推归纳法来分析这个重复博弈，先分析最后一个阶段，依次向前逆推。博弈方了解整个博弈过程，本轮决策前各航班所剩机票数为$(y_A,\ y_B)$，假设在上一回合的决策中低价票依然开放（如果上一轮低价票已经关闭，则本轮依然关闭），航空公司需要决策的问题是在本轮是否继续开放低价票。选择关闭低价票的充分必要条件是：$G_B(n,\ y_B) > F_B(n,\ y_B)$ 或 $G_A(n,\ y_A) > F_A(n,\ y_A)$，最佳停止点 $y^*(n)$可由下式得到：

$$y_A^*(n) = \max\{y_A \| G_A(n,\ y_A) > F_A(n,\ y_A)\} \tag{4-15}$$

$$y_B^*(n) = \max\{y_B \| G_B(n,\ y_B) > F_B(n,\ y_B)\} \tag{4-16}$$

定理 4.1 博弈方的上述触发策略组合是该重复博弈的一个子博弈完美纳什均衡。

证明 由前面的分析可知，每一个阶段的原博弈是有多个纯策略纳什均衡。采取绝不宽恕的触发策略，且制定的报复机制是可信的。假设某次合作中，航班 B 首先违约，在当期关闭低价票，航班 A 只有在本期合作结束后才能观测到航班 B 的选择，所以航班 A 的当期选择是开放，在接下来的所有策略中，选择有利于自己的策略，而航班 B 只能保持关闭直到结束。

各博弈方的最佳停止点满足式(4-15)和式(4-16)，该重复博弈的均衡路径如下：

- $\max(n_A^*, n_B^*) \leqslant n \leqslant N$，选择策略组合(开放,开放)。

- $\min(n_A^*, n_B^*) \leqslant n \leqslant \max(n_A^*, n_B^*)$，最优策略组合为(开放,关闭)或(关闭,开放)。

- $1 \leqslant n \leqslant \min(n_A^*, n_B^*)$ 最优策略为(关闭,关闭)。

其中，$n_A^* = \max\{n \| G_A(n, y_A) > F_A(n, y_A)\}$，$n_B^* = \max\{n \| G_B(n, y_B) > F_B(n, y_B)\}$。

所以，由每一阶段原博弈的纳什均衡构成的均衡路径是一个子博弈完美纳什均衡。 □

定理 4.2　考虑需求双向转移下停止点剩余机票数比仅考虑水平转移下的机票数要多。

证明　目前的文献仅考虑了需求在相同产品间的水平转移，忽略了不同航班的不同等级间的纵向和斜向转移。我们建立了基于上述需求多向转移的博弈模型，并得到了最佳停止点。

下面计算仅考虑同质产品间需求水平转移的情况。

如果高低等级都在开放预订，一张机票以低价票售出的概率是 $P_{A2}^{n'}$，以高价票售出的概率是 $P_{A1}^{n'}$，且有

$$P_{A2}^{n'} = \lambda_1 Pr\{r_2 \leqslant v \leqslant r_1\} + \lambda_3 Pr\{v \geqslant r_2\} I_{(R_A = R_B)}, \quad P_{A1}^{n'} = \lambda_1 Pr\{v \geqslant r_1\}$$

关闭低价票后，对高价票的需求率是

$$P_{AC1}^{n'} = (\lambda_1 + \beta\lambda_3 I_{(R_A = R_B)})\, Pr\{v \geqslant r_1\}$$

当加入异质品间的纵向转移后，两等级均开放时对低价票的需求率为 P_{A2}^{n}，高价票的需求率 P_{A1}^{n}，显然，$P_{A2}^{n'} \leqslant P_{A2}^{n}$，$P_{A1}^{n'} \geqslant P_{A1}^{n}$。这意味着低价票开放时，考虑需求双向转移对低价票的需求率更高。只开放高价票时，$P_{AC1}^{n'} < P_{AC1}^{n}$，高价票需求增加，航空公司能获得更多的收益。所以，需求双向转移的情况下，航空公司会为高价票保留更多的座位以增加收益。 □

4.4 算例分析和讨论

动态存量控制模型面临的最大难题是计算复杂，特别是当 N 和(或)C 都比较大的时候。但在我们的模型中，低价票一旦关闭不再开放的假设较好地解决了这一问题。逆推迭代算法非常高效，当 $N=5\,000$，$C_A=C_B=100$ 时，几秒钟就可以输出结果。但相对于运行速度，我们更关心变量间的关系，所以，下面的算例中，都令 $N=100$，$C_A=C_B=10$，$r_1=200$，$r_2=100$。需求到达率为 $\lambda=22N$，当 $(\alpha_1, \alpha_2, \alpha_3)=(0.2, 0.3, 0.5)$ 时，3 种类型旅客的到达率分别为 $\lambda_1=\alpha_1\times\lambda$，$\lambda_2=\alpha_2\times\lambda$，$\lambda_3=\alpha_3\times\lambda$。心理价位的分布率 $Pr\{v\geqslant r_2\}=1-F(r_2)=0.8$，$Pr\{v\geqslant r_1\}=1-F(r_1)=0.3$。$\beta=0.4$，简便起见，令 $p_{12}=p_{21}=0.5$。

4.4.1 最佳停止点的确定

根据 4.3 节的模型，通过编写 matlab 程序可计算出停止销售低价票的最佳停止点。如图 4-5 所示，假定航班 B 是违约者，在某一点首先停止销售低价票，航班 A 检查自己的剩余座位数，根据对需求的预测确定自己的最佳对策。例如航班 B 在第 60 阶段剩余座位为 4 时停止销售低价票，航班 A 如果剩余座位数小于或等于 2，则在下一阶段也关闭低价票，否则继续开放直到剩余座位为 2 再关闭。

图 4-5 中上面两条线是考虑需求双向转移的最佳停止线，比下面两条只考虑需求水平转移的停止线高。说明考虑需求双向转移时保留给高价票的座位数较高。

表 4-2 揭示了最佳停止点与各变量间的关系。首先令选择系数 β 从 0 逐渐增加到 1，β 的值越大意味着在价格相等时有更多的旅客会选择航班

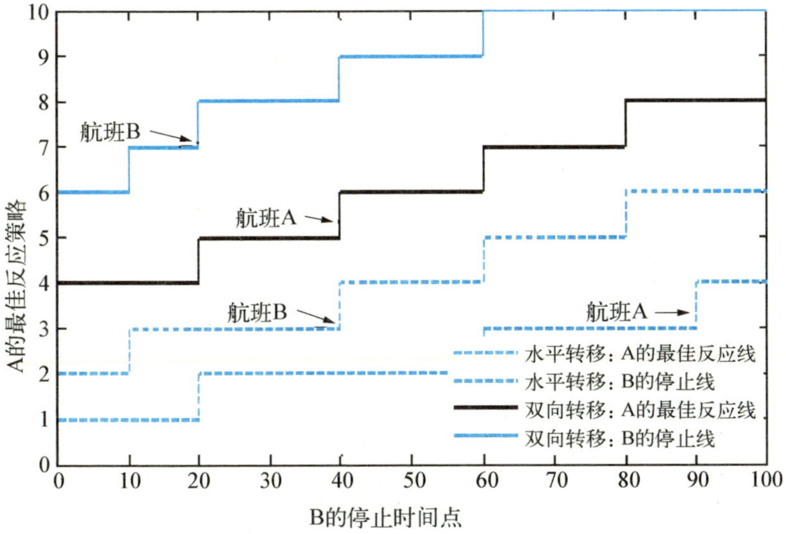

图 4 - 5　最佳停止线

表 4 - 2　最佳停止点与 β 的关系

β	航班 A	航班 B
0.0	1	5
0.1	1	5
0.2	1	4
0.3	2	4
0.4	2	4
0.5	2	3
0.6	3	3
0.7	3	3
0.8	3	2
0.9	4	2
1.0	4	2

A,所以航班 A 的最佳停止点处的剩余座位数 $y_A^*(n)$是随 β 非减的,而航班 B 的 $y_B^*(n)$随 β 非增。除价格因素外,如果旅客更偏好于某公司,则该公司应为高价票保留更多的座位。

保持弹性旅客的比例和偏好系数不变,即 $\alpha_3 = 0.5$, $\beta = 0.4$,改变类型 1 和类型 2 的旅客比例。表 4-3 右上方结果表明停止点是航空公司忠诚顾客比例的增函数。在表 4-3 的右下方,改变 α_3 的值,保持 $\beta = 0.4$,类型 1 和类型 2 的旅客比例 $\alpha_1 : \alpha_2 = 2:3$。由结果可知,弹性旅客的比例越高,即价格敏感的休闲旅客越多,最佳停止点保留给高价票的座位数越少。航班 A 的最佳停止点座位数随着 α_1(忠诚顾客的比例)和 β(弹性顾客购买航班 A 的比例)的增加而递增,但是,随 α_1 的改变幅度要比随 β 改变幅度大。所以,航空公司应当设法通过非价格手段来增加忠诚顾客的比例,通过灵活定价吸引更多的弹性顾客。

表 4-3　最佳停止点与(α_1, α_2, α_3)的关系

(α_1, α_2, α_3)	航班 A	航班 B
(0.0, 0.5, 0.5)	0	6
(0.1, 0.4, 0.5)	1	5
(0.2, 0.3, 0.5)	2	4
(0.3, 0.2, 0.5)	3	3
(0.4, 0.1, 0.5)	4	2
(0.5, 0.0, 0.5)	5	1
(0.4, 0.6, 0.5)	3	5
(0.3, 0.45, 0.25)	2	4
(0.2, 0.3, 0.5)	2	4
(0.1, 0.15, 0.75)	2	3
(0.0, 0.0, 1.0)	1	3

4.4.2　总期望收益

在这一部分，我们以航空公司 A 为例讨论最大期望收益的变化趋势。给定航班 B 的三个停止点即 $y_B^*(0)=0$，$y_B^*(40)=4$，$y_B^*(100)=10$，航班 A 的收益曲线如图 4-6 所示。图中有三簇曲线，短划线、点线和实线分别代表当 $y_B^*(0)=0$，$y_B^*(40)=4$，$y_B^*(100)=10$ 时航班 A 的最佳对策下的收益。每一簇线均由 11 条曲线构成，由下至上分别代表当前有 0～10 个剩余座位。

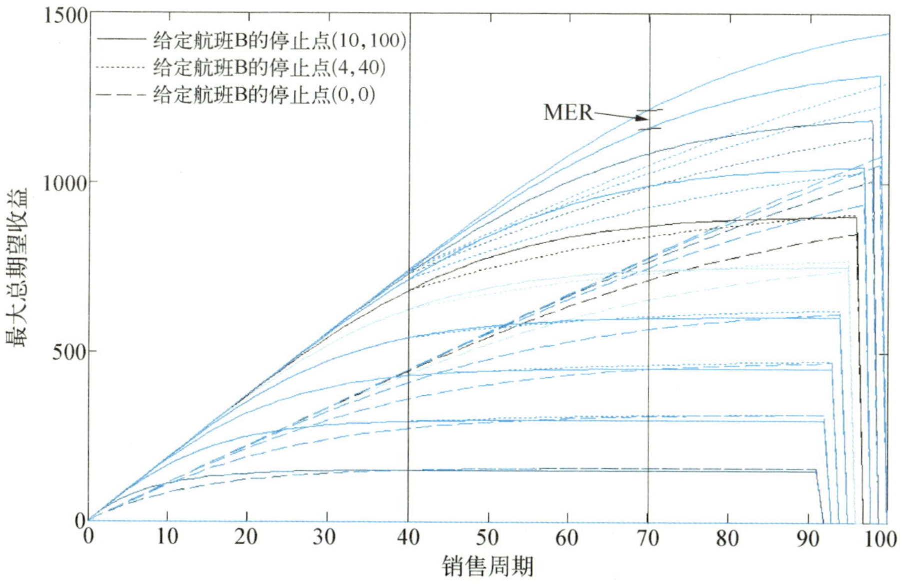

图 4-6　给定 B 的策略时 A 的期望收益

由图 4-6 可知：

(1) 航空公司的总期望收益随剩余销售时间的减少而下降随剩余座位的增加而上升。机票是易逝品，它随时间而贬值，在销售期开始时（图的右侧），越多的座位能来越多的收益；但另一方面，如时间到达某一点，由不同数量机票产生的收益几乎相等。所以航空公司应在销售期开始时开放低价票刺激消费需求，而不是放到最后令其贬值。

(2) 航空公司 A 根据 B 的决策调整其最优对策能获得更多的收益，B 越早关闭低价票，A 能选取最有利的策略使收益最大。实线（$y_B^*(100)=10$，即航班 B 没有低价票出售）在点线（$y_B^*(40)=4$）的上面，点线在短划线（$y_B^*(0)=0$，B 一直开放低价票）上面。图 4-5 还暗示即使航班 B 在每一阶段的子博弈都选择开放，航班 A 为了获得更大的收益也不会一直开放低价票，所以总会有一个违约者出现，只要满足式(4-15)或式(4-16)，就应当切换策略。

(3) 同一类型两条曲线间的间距代表边际期望收益，即 $F(n, y)-F(n, y-1)$。由图 4-6 可以看到，边际期望收益随起飞时间的临近而减少，随当前阶段剩余座位数减少而增加。所以，当销售期临近而剩余座位较多时，航空公司应以低价票出售。航空公司 A 的边际期望收益还与 B 的停止策略有关：B 越早停止销售低价票，A 的边际期望收益越高，这也就意味着 A 有更大的主动权选择对自己有利的策略。

4.5 本章小结

竞争环境下的座位分配问题面临三重困难：旅客行为更加复杂，需求更加不确定；动态规划求解困难；非合作非零和博弈的纳什均衡不易得到。我们在合理的限定条件下建立的动态模型恰当地解决了以上难题。借助需求转移的概念来刻画旅客的选择行为，用确定的水平转移和纵向转移(转移概率)简化了旅客在竞争航班间同质品和异质品的选择。在本书的模型中，低价票不再开放的假设大大节省了动态模型的求解时间，最优停止点可以在不到一分钟的时间内精确得到。触发策略帮助我们高效率地找到均衡路径，并证明了该均衡路径正是重复博弈的子博弈完美纳什均衡。

在本书的模型中，很容易证明纳什均衡的存在，但是不太容易证明均衡的唯一性。因为需求的不确定，均衡是动态的。这就要求收益经理在决策时要注意已经实现的需求数据和对未来需求的预测，尤其是竞争对手的反应。

本模型的扩展可以考虑更贴合实际的行业环境。本书只考虑了两架航班两个等级竞争的情况，今后的研究可以加入更多的航空公司，提供更多等级的机票，构建一个多人非合作非零和博弈的动态模型来解决，也可以进一步研究当不同航班、定价不同时，均衡行为如何变化。

另一个有趣的问题是考虑竞争环境下网络容量管理。Jiang 等(2011)[133]和 Grauberger 等(2014)[134]用近似的方法来求解网络结构下的纳什均衡。竞争环境下的网络收益管理的研究较少，前面提到动态规划可以有效解决网络环境下的座位分配问题，但因为状态数量呈指数增长而造成的维数灾难，使得求解变得十分困难甚至无法求解。所以如何开发一些更有效的近似模型和更快的启发式算法甚至精确算法，是将来一段时间内解决网络收益管理的当务之急。

第5章

垄断环境下基于需求双向转移的铁路客运排程问题

工业实践和文献理论都证明了收益管理技术应用于铁路客运同样能使收益增加，铁路客运的收益管理与航空收益管理有很多相似之处。我国的高铁运营均是由中国铁路总公司委托地方铁路局独家运营，可看作是垄断的市场环境。本章将第 3 章中基于需求转移的收益管理与高铁客运特征相结合，研究一个多阶段、多等级铁路客运收益管理问题（Multi-Period Multi-Class Rail Passenger Revenue Management，MPMC－RPRM）。在 MPMC－RPRM 问题中，假定前一阶段未被满足的需求会转移到以后的阶段，而某一等级未被满足的需求会转移到其他等级。

这一章的内容安排如下：5.1 节主要交代了研究问题的背景；5.2 节定义了多阶段、多等级铁路客运收益管理问题（MPMC－RPRM）并给出了基本的数学模型；为了提高求解效率，5.3 节提出了一个二阶段的启发式算法；5.4 节考虑更多实际问题，对模型进行了扩展；5.5 是算例分析部分，最后是本章结论部分。

5.1 研究背景

在这一节中，先介绍本章问题研究的动机，然后对铁路客运收益管理的代表文献进行综述，最后详细介绍了中国的高速铁路建设情况，尤其是京沪高铁的背景信息，因为京沪高铁的排班和收益问题是本章的研究对象。

5.1.1 研究动机

1964 年 10 月 1 日，世界上第一条现代化的高速铁路新干线开始在日本东京和大阪之间运行，最高时速达到 210 公里/小时。从那时起，高速铁路的发展带来了经济的巨大增长，高速铁路迅速在世界范围内蔓延开来。截至目前，很多国家和地区都开通了高速铁路，例如：日本新干线、欧洲之星、美国东北部走廊的 Acela 快线和中国的高铁（CRH）等。最近几年，由于公路的拥堵和环保问题、航空的航班取消和延误问题等不断加剧，人们开始更加青睐高铁这种快速、安全和环保的交通方式，对高速铁路的需求持续旺盛。除此之外，铁路运输和公路运输、航空运输相比，更加节能和经济。交通统计局（Bureau of Transportation Statistics）的数据显示铁路客运比公路和航空平均要节能约 30%～50%。

尽管高速铁路发展迅速，但怎样营利依然是所有高铁要面临的一个严峻的挑战。Reason Foundation 在 2013 年的报告中指出，目前全世界仅有法国的巴黎-里昂高速铁路和日本的东京-大阪新干线列车这两条高速铁路赢利[135]。所以，从运营层面讲，优化日常的收益是保证高速铁路可持续发展的关键。尽管如此，铁路客运收益管理方面的研究却并不多见，和航空收益管理动辄几百篇的文献相比，铁路客运收益管理的文献却显得寥寥无几，这和蓬勃发展的高铁经济不太相衬。所以，在快速发展和布局的中国高铁时代，对高铁客运收益管理的研究十分必要。

本章主要研究一个多阶段、多等级的铁路客运收益管理问题(MPMC - RPRM)。MPMC - RPRM 和以往研究的问题的不同之处主要体现在以下两个方面：一是允许需求在不同阶段之间转移，当某阶段的客运需求未被满足时可以以一定概率转移到其他的阶段；二是允许需求在不同座位等级间转移，当某一等级的客运需求未被满足时可以以一定的概率转移到其他等级。因为 MPMC - RPRM 问题考虑了需求在不同阶段和不同等级间的溢出和转移，所以本书的模型能更加准确地描述乘客的实际订票行为。本书还提出了一套完整的数学规划模型和算法来解决这个问题。

5.1.2 铁路客运收益管理

铁路客运收益管理和航空收益管理比较类似，航空收益管理是航空公司通过合理分配有限的飞机座位从而使收益最大化，而铁路客运收益管理是要合理分配火车座席。航空收益管理的文献有很多，感兴趣的读者可以通过参阅 Mcgill 等(1999)[9]、Talluri 等(2004)[42]、Bertsimas 等(2005)[136]、Cooper 等(2006[137]，2007[138])、Barnhart 等(2009)[139]、Zhang 等(2010)[140]、Lan 等(2011)[141]和 Aydin 等(2013)[41]的文献来了解航空收益管理的综述。

铁路客运收益管理中，Ciancimino[27]在 1999 年研究了一个多路段、单一票价的铁路座席分配问题，提出了一个确定性模型和一个概率模型。他们的计算分析表明，这两个模型都会使收益增加。Bharill 等(2008)[142]研究了印度铁路的头等座定价问题，他们提出了一个交叉价格需求弹性模型，用来估计当头等座的票价和取消订座的成本发生变化时对需求的影响。作者随后还使用这个需求弹性来预测需求，并分析了现有的订价策略。You 等(2008)[143]研究了两等级、多路段的座位分配问题，并建立了一个受限的非线性整数规划模型。作者还提出了一个启发式算法用来求解模型中的预订限制，这个启发式算法是数学方法和粒子群方法的混合。

Armstrong 和 Meissner(2010)[144]对铁路客运和铁路货运的收益管理问题进行了综述。他们把铁路客运收益管理文献依据七个问题属性进行了分类，这些属性包括价格等级、路段数量、产品和服务的数量、定价策略等。作者同时还指出铁路客运收益管理同传统的航空收益管理的两个主要区别：第一，铁路客运收益管理不考虑超售，这是因为通常情况下火车的实载率达不到 100%，有时即使是满员了火车也还允许一部分人上车，火车可以部分超载，不会因拒载而额外产生成本。第二，铁路客运收益管理中的路段有更强的关联性，因为大部分的铁路旅程是由一系列相邻的路段构成的。而在航空收益管理中，大部分的航程只包含一个或两个独立的航段。Dutta 和 Ghosh 等(2012)[145]研究了多阶段、多等级、多路段座位分配问题，并建立了一个线性的数学模型。但是，他们的多阶段、多等级的模型可以直接分解为多个单阶段、单等级的模型，因为在他们的模型中任何两个阶段或任两个等级之间都是相互独立的。Crillo 和 Hetrakul 等(2011)[146]则建立了一个多阶段、单路段的动态定价优化模型。在他们的模型中，作者应用了多元 Logit 模型来估计乘客选择订票日期的行为，运用最小二乘回归模型预测每个细分市场的需求。在 Hetrakul 和 Cirrillo 等(2013)[147]的文章中，作者运用几个统计模型，包括多元 Logit 模型、混合 Logit 模型和潜类别模型来预测在线乘客的预订需求。他们的研究结果表明，在线预订的需求可以通过机票的价格、提前期(起飞前多少天)、一周中的哪天起飞等因素来确定。他们的需求估计模型同样可以用在铁路收益管理决策的问题中，如定价和座位分配。最近，Crevier 等(2012)[148]提出一个二层数学模型，它能同时解决铁路货物运输中的运营规划和收益管理问题，他们提出了两种定价策略并对这些定价策略如何影响模型进行了分析。

5.1.3 中国的高速铁路

中国已建成超过 16 000 公里的高速铁路网，到 2015 年底这一里程数达到 19 000 公里。2013 年，中国的高铁日载客量超过 145 万人[149]，纽约时代最近的一篇报道曾预测"中国的高速铁路网络到 2014 年初能运送的乘客将会超过每月 5 400 万人，这相当于美国国内所有航班的总登机人数"[150]，中国的高铁已经成为世界最大的公共运输系统。在我国，覆盖全国范围的"四纵四横"高铁网络已经基本形成，这其中，最繁忙的一条高速铁路是从北京到上海的京沪高铁。这条高铁线路总长度为1 318公里，沿途经过了 23 个城市[151]，如图 5－1 所示。

京沪高铁从北京到上海的总运行时长平均为 5.5 小时，最短的是 4 小时 48 分，最长的是 6 个小时，运行时间的长短主要由沿线停靠的车站数量决定。2013 年，京沪高铁平均日载客 23 万人，平均载客率为 76.9%[152]。

目前，高铁向所有乘客实行单一票价政策。乘客可以提前至少四个星期买票，可以通过网上(如 12306.com)或直接到火车站购买火车票。和机票一样，每一张火车票对应着火车上特定的一个座位。

京沪高铁有商务座、一等座和二等座共三个等级座位，有两种不同座位数量的车型在京沪高铁上运营。一种车型可以提供 13 张商务座席、85 张一等座席和 854 张二等座席，另一种机型提供 26 张商务座席，123 张一等座席和 776 张二等座席。

京沪高铁的票价主要是由旅程的起讫点距离确定(图 5－2)，采用基准价格，同时根据距离长度进行定价。基准票价是一等座每公里 0.79 元，二等座 0.46 元(如果不做特别说明，文中出现的"元"单位均为人民币)。如果旅程总距离超过 500 公里，那么超出的部分将会给予 9 折

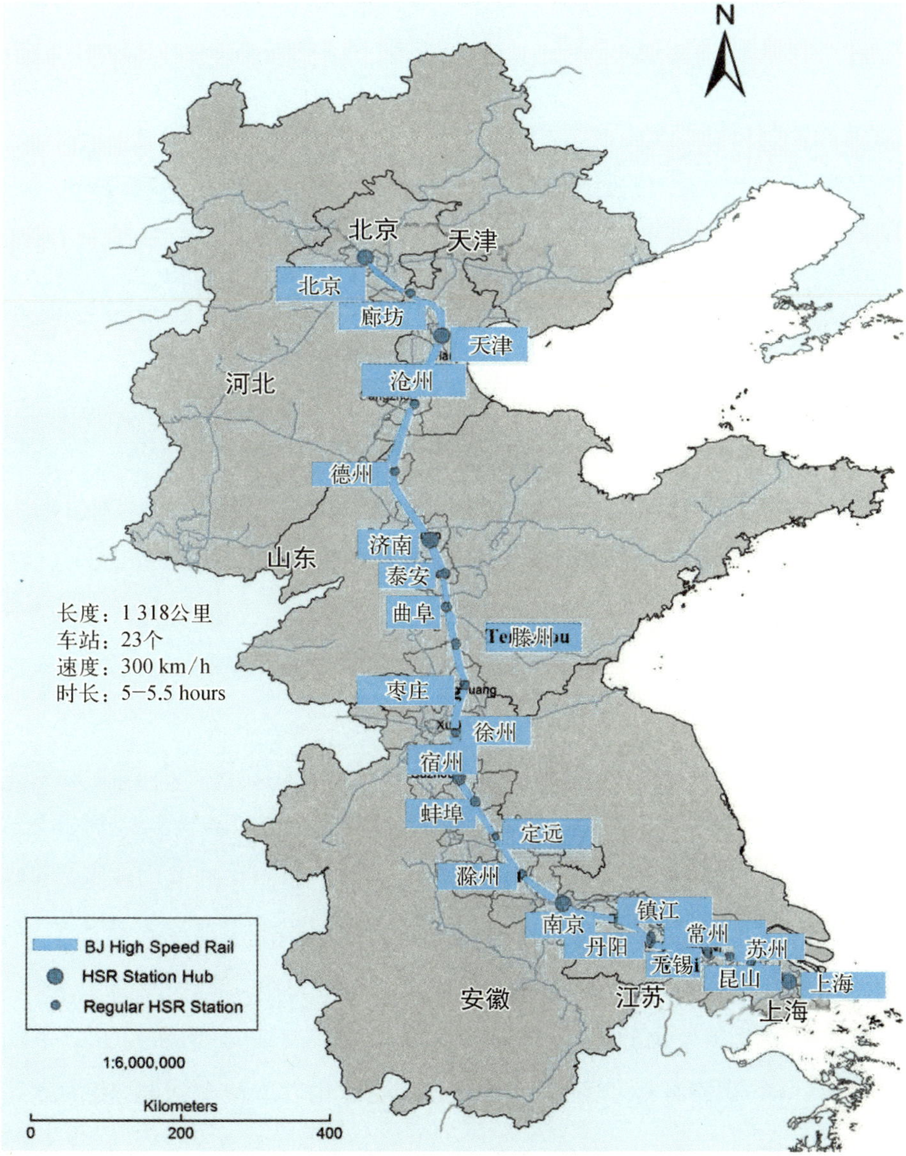
N
北京
天津
北京
廊坊
天津
河北
沧州
德州
济南
山东
泰安
曲阜
滕州
长度：1 318公里
车站：23个
速度：300 km/h
时长：5—5.5 hours
枣庄
徐州
宿州
蚌埠
定远
滁州
南京
镇江
丹阳
常州
无锡
苏州
昆山
上海
安徽
江苏
上海
BJ High Speed Rail
HSR Station Hub
Regular HSR Station
1:6,000,000
Kilometers
0
200
400

图 5－1　京沪高铁线路图

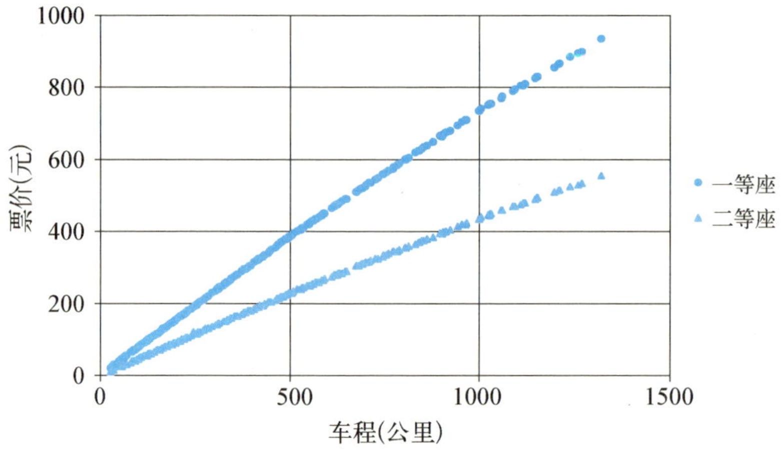

图 5-2　北京至上海的车票价格

的优惠，如果总距离超过 1 000 公里时，超出 1 000 的部分会给予 8 折的优惠，500～1 000公里的里程仍按 9 折优惠。举例来说，京沪高铁线上，北京站到上海站的距离是 1 318 公里，计算出来的价格应该是 500×0.46+500×0.46×0.9+318×0.46×0.8=554，实际的售票票价是 553 元，基本符合这一规定。

在京沪高铁线路上，每天约有 33 对高铁列车往返于北京和上海之间，从早上 7:00（最早发车时间）开始到晚上 11:30（最晚到达时间）结束。在高峰时段，大概每 5 分钟就会有一班列车发出。如前文所说，虽然京沪高铁客源充足，但是在 2012 年，京沪高铁财报显示净亏损高达 35 亿元。在运力投入有限的情况下，如何高效地利用这些资源使收益最大化，是京沪高铁亟须解决的问题。所以，本章以京沪高铁为例，研究一个多阶段、多等级的铁路客运收益管理问题。通过优化以下两个问题，使京沪高铁的收益达到最大化：① 优化日常列车排班表，即列车的发车时间和停靠的沿途站点；② 座位分配问题，给列车的不同旅程不同等级保留的座位数。

5.2　问题描述及基本模型

本节给出多阶段、多等级铁路客运收益管理的数学定义，然后为这一问题建立一个基本模型(Basic Model，BM)。还提出了一个基于计划的模型(Plan-Based Model，PBM)，这个模型可以看作是 BM 的一个 Dantzig-Wolfe 分解，后文还解释了 PBM 和 BM 间的弱线性规划松弛的原因。

5.2.1　问题描述

高铁线路沿线所有经过的车站集合用 S 表示，始发站 s_O 终点站 s_D。令 $S' = S/\{s_O, s_D\}$ 表示途经车站的集合。所有的路段集合用 L 表示，每一个路段 $l \in L$ 连接着两个相邻的车站。高铁线路提供的所有可能旅程的集合为 J，每一个旅程 j 由连接一对起始站—终到站的一个或多个相邻的路段组成。J_l是所有包含路段 l 的旅程集合。T 是一系列的离散时间点的集合，一列高铁列车只能在时刻 $t \in T$ 从始发站 s_O出发。对每一列列车，有 C 个座位等级，每一座位等级 $c \in C$ 的可售座位数用 n_c 表示。r_{cj} 表示的是旅程 j 中 c 等座的车票价格。本章做出以下两个假设：

假设 1　所有的列车均从 s_O 发出，到 s_D 终止。不存在从 s_O 以外的车站发出的列车，也不存在 s_D 以外的车站终止的列车。为了描述的方便，后面的内容中术语“车次”表示一趟从 s_O出发到 s_D终止的列车，用车次的出发时间 t 表示该车次。例如，车次 t 用来表示在 t 时刻从 s_O发出的列车。

京沪高铁上的 66 班列车中的 62 班都符合这个假设。另外 4 班列车是北京和杭州间的高铁，上海火车站是其中的一个经停站。

假设 2　列车在中间火车站 $s \in S'$ 的停留时间可忽略不计，即不考虑每趟列车停靠的火车站数量，假设所有的高铁列车全程运行时间相同。实际上，京沪高铁沿线任一车站 $s \in S'$ 的停靠时间少于 3 分钟，66 班列车的平均运行时间为 331 分钟，标准方差是 19 分钟。所以，假设 2 基本符合实际。假设 2 的潜在含义是说如果列车 A 比列车 B 早出发，则列车 A 到达中间每一站的时间都会比列车 B 早。京沪高铁沿线的 66 班列车中的 56 班列车都符合这一假定，另外的 10 班列车中，后一班列车超过前一班列车并比前一班列车提前到达终点站 s_D 的时间不超过 30 分钟。

在上述两个假设的前提下，定义 d_{cjt} 为乘客对车次 t 上旅程 j 的 c 等座位的需求。注意 d_{cjt} 是从 $t-1$ 时刻到 t 时刻的累积需求，而且是假设 $t-1$ 时刻之前的需求全部为 0。换句话说，我们将任一旅程 j 的一天中的需求除以总规划周期 $|T|$ 从而得到 $|T|$ 份时间间隔，每一时间间隔的需求用 d_{cjt} 来表示。举例来说，假设有一条高铁路线，沿线分布着三个火车站 A、B 和 C，列车只有一个票价等级 $c=1$（图 5－3）。有三个可开行的车次分别是早上 $t_1=9:00$、$t_2=9:05$ 和 $t_3=9:10$ 出发。j_1 旅程是从火车站 A 到火车站 C，j_2 是从火车站 B 到火车站 C。假设 j_1 的运行时间是 3 小时，j_2 的运行时间是 1 小时。表 5－1 中的 d_{cj_1t} 和 d_{cj_2t} 分别表示对车次 t 上的 j_1 和 j_2 旅程的需求，表中的数字是具体的需求数。其中，$d_{cj_1t_1}=100$ 代表了车次 1 中旅程 j_1 在早上 7:00 时的需求是 100；$d_{cj_2t_1}=150$ 意思是车次 1 中旅程

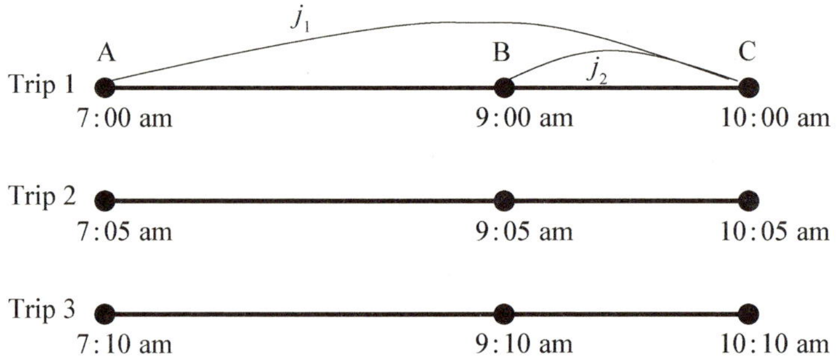

图 5－3　三地间三车次的运行图

j_2 在早上 9:00 时的需求是 150。注意，对 j_2 的需求是用 $t_1 = 7:00$ 做的下标而不是用 9:00，这是因为早上 7:00 从车站 A 出发的这次列车可以捕捉到这些需求。另外，$d_{cj_1t_2}$ 只有 10 因为它只包含从早上 7:01 到 7:05 的累积需求，同样的 $d_{cj_1t_3}$ 是从早上 7:06 到 7:10 之间的累积需求。

表 5-1　三个车次在不同时间的需求

t	d_{cj_1t}	d_{cj_2t}
$t_1 = 7:00$ am	100	150
$t_2 = 7:05$ am	10	5
$t_3 = 7:10$ am	10	5

当车次 t 不能满足所有的 d_{cjt} 需求时，未被满足的需求会溢出到别的车次，用 $\alpha_{ct(t+1)}$ 表示 c 等座的溢出需求从车次 t 到车次 $t+1$ 的转移率。在图 5-3 中的例子中，假设我们只在时刻 t_1 和 t_3 开行两班列车，且列车的座位数 $n_c = 80$，$\alpha_{ct_1t_2} = \alpha_{ct_2t_3} = 1$，在 t_3 时刻发出的列车中对 j_1 的实际需求等于 $(\max(d_{cj_1t_1} - n_c, 0) \times \alpha_{ct_1t_2} + d_{cj_1t_2}) \times \alpha_{ct_2t_3} + d_{cj_1t_3} = (20+10) \times 1 + 10 = 40$。同样，我们来定义不同等级座位间的转移率，令 $\beta_{cc't}$ 表示未被满足的 c 等座的溢出需求转移到 c' 等座的概率，且有 $\alpha_{ct(t+1)} + \sum_{c' \in C/\{c\}} \beta_{cc't} \leqslant 1$。$\alpha_{ct(t+1)}$ 是描述那些对价格比较敏感的乘客的需求转移率，如果前一车次的低价票售空，这类乘客宁可推迟出发时间购买后面车次的低价票。$\beta_{cc't}$ 则用来描述时间敏感的乘客的需求转移率，这类乘客对价格不太敏感。

每发出一个车次，会产生一定的固定运营成本，包括列车折旧、人员工资和油耗等，车次 t 的固定运营成本用 e_t 表示。那么 MPMC-RPRM 问题的目的就是通过确定运行哪些车次、在何处停靠以及如何分配有限的座位资源来实现收益的最大化。因为不同时段和不同等级的溢出需求能被其他时段和其他等级二次挽回，所以不能将这一问题简单地分解为多个单阶段、单等级的铁路客运收益管理问题，必须为整个运营规划周期建立一个综合模型。

5.2.2 基本模型

为了方便后面的讨论，先定义一些变量：

变量

u_t：0－1 变量，如果车次 t 在结果中被选中 $u_t=1$，否则 $u_t=0$。

x_{cjt}：整数变量，分配给对车次 t 中旅程 j 的 c 等座需求的 c 等座位数。

$v_{c'cjt}$：0－1 变量，如果 c 等座的座位分配给了车次 t 中旅程 j 的 c' 等座的溢出需求，则 $v_{c'cjt}=1$；否则 $v_{c'cjt}=0$。

$y_{c'cjt}$：整数变量，分配给车次 t 中旅程 j 的 c' 等座的溢出需求的 c 等座位数。

z_{cjt}：对车次 t 中旅程 j 的 c 等座的累加需求。如果前一时段 $t-1$ 没有溢出需求，则 $z_{cjt}=d_{cjt}$；否则 $z_{cjt}>d_{cjt}$。

δ_{cjt}：整数变量，车次 t 中旅程 j 的 c 等座在 t 时段的溢出需求。

给定上述变量的定义，MPMC－RPRM 问题的基本模型（BM）可表示如下：

$$\max \sum_{t\in T}\sum_{c\in C}\sum_{j\in J} r_{cj}x_{cjt}+\sum_{t\in T}\sum_{j\in J}\sum_{c\in C}\sum_{c'\in C/\{c\}} r_{cj}y_{c'cjt}-\sum_{t\in T}e_t u_t \tag{5-1}$$

$$\text{s.t.}\quad \sum_{j\in J_l}x_{cjt}+\sum_{j\in J_l}\sum_{c'\in C/\{c\}}y_{c'cjt}\leqslant n_c u_t \quad \forall c\in C,\ \forall l\in L,\ \forall t\in T \tag{5-2}$$

$$z_{cjt}=d_{cjt}+\alpha_{c(t-1)t}\delta_{cj(t-1)} \quad \forall c\in C,\ \forall j\in J,\ \forall t\in T \tag{5-3}$$

$$\delta_{cjt} = z_{cjt} - x_{cjt} - \sum_{c' \in C/\{c\}} y_{cc'jt} \quad \forall c \in C, \forall j \in J, \forall t \in T \tag{5-4}$$

$$y_{c'cjt} \leqslant \beta_{c'ct}(z_{c'jt} - x_{c'jt}) + M_{c'cjt}(1 - v_{c'cjt}) \quad \forall c \in C, \forall c' \in C/\{c\}, \forall j \in J, \forall t \in T \tag{5-5}$$

$$y_{c'cjt} \leqslant M_{c'cjt} v_{c'cjt} \quad \forall c \in C, \forall c' \in C/\{c\}, \forall j \in J, \forall t \in T \tag{5-6}$$

$$x_{cjt}, y_{c'cjt}, z_{cjt}, \delta_{cjt} \geqslant 0, \text{ integers} \quad \forall c \in C, \forall c' \in C/\{c\}, \forall j \in J, \forall t \in T \tag{5-7}$$

$$u_t, v_{c'cjt} \in \{0, 1\} \quad \forall c \in C, \forall c' \in C/\{c\}, \forall j \in J, \forall t \in T \tag{5-8}$$

目标函数(5-1)是使总的利润最大，总利润等于总的售票收益减去总的运营成本。式(5-2)的约束条件是确保任一路段 l 的 c 等级座位的售出数应小于等于 c 等级的总座位容量。式(5-3)的约束条件是指对时刻 t 旅程 j 的 c 等级的累积需求包括两部分：一部分是 t 时刻的原始需求，另一部分是来自前一阶段 $t-1$ 的溢出需求。式(5-4)的约束条件是用来计算 c 等级的溢出需求。结合对变量 δ_{cjt} 的非负约束，还要确保时刻 t 旅程 j 的 c 等级的座位数应小于等于 t 时刻的累积需求 z_{cjt}。当 $t=0$ 时，为了避免与边界条件的混淆，假定 $\delta_{cjt}=0$。式(5-3)—式(5-4)可以视为需求的平衡约束，可以用图 5-4 来描述。

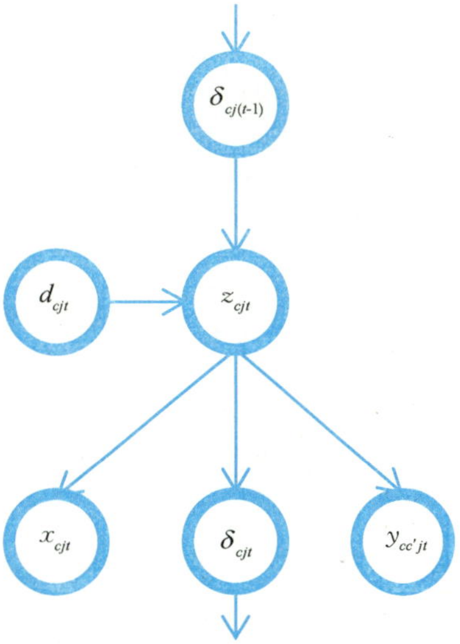

图 5-4　不同变量间的需求平衡图

对每一个累积需求节点 z_{cjt}，有两个输入流：d_{cjt} 和 $\alpha_{c(t-1)t}\delta_{cj(t-1)}$，即原始需求和上一时段到这一时段的转移需求。同样地，每个 z_{cjt} 节点还有三个输出流：分别是 x_{cjt}、$y_{c'cjt}$ 和 δ_{cjt}，即被满足的需求、转移到其他等级的溢出需求和到其他时段的溢出需求。式(5-6)—式(5-8)是计算从其他等级转移到 c 等级的需求数，即 $y_{c'cjt}=\beta_{c'ct}\max\{z_{c'cjt}-x_{c'jt},0\}$。如果 $v_{c'cjt}=0$，$y_{c'cjt}$ 也应等于 0；否则 $y_{c'cjt}=\beta_{c'ct}(z_{c'jt}-x_{c'jt})$。$M_{c'cjt}$ 的最小值可以通过下式计算得到。

$$M_{c'cjt}=\min\left\{n_c,\ \beta_{c'ct}\sum_{t'=0}^{t}\alpha_{c't't}d_{c'jt'}\right\} \tag{5-9}$$

$$\forall c\in C,\ \forall c'\in C/\{c\},\ \forall j\in J,\ \forall t\in T$$

其中，$\alpha_{c't't}$ 是对 c' 等级的座位而言，从 t' 时刻到 t 时刻的需求转移率，$\sum_{t'=0}^{t}\alpha_{c't't}d_{c'jt'}$ 是计算了从 0 时刻到 t 时刻对旅程 j 的总累积需求。所以 $M_{c'cjt}$ 是 t 时刻旅程 j 能从 c' 等座到 c 等座的最大可能的转移需求。式(5-7)—式(5-8)是对变量的整数约束和 0-1 约束。

因为 BM 模型中有大量的 0-1 整数变量和大 M 约束，所以在解决大规模的算例时，很难求得它的最优解。求解时，放松了对变量(x, y, z, δ)的整数约束，把这个放松了整数约束的松弛模型称为 R(BM)。R(BM)模型的空间复杂度非常大，约有 $\mathbf{O}(|C|^2|S|^2|T|)$ 个 0-1 变量和 $\mathbf{O}(|C|^2|S|^2|T|)$ 个约束条件。

5.2.3 基于计划的模型和线性松弛分析

从上述的基本模型 BM 公式中可以看到，如果没有式(5-4)的约束条件的话，BM 可以分解成 $|T|$ 个相互独立的单阶段、多等级的问题。也就是说，众多的单阶段、多等级问题是靠需求的溢出和转移联结起来的。我们

提出了一种表示 MPMC－RPRM 问题的新模型，在这个新模型中，每一个变量代表的是一个单阶段、多等级铁路客运收益管理（Single Period Multi Class Rail Passenger Revenue Management，SPMC－RPRM）问题的完整解，它们通过相邻阶段间的需求平衡约束链接起来。目的是通过选择每一个单阶段的解使利润达到最大。

令 P_t 表示在时刻 t 所有 SPMC－RMRP 问题可能解的集合。为了便于说明，下文中用术语"计划（plan）"来表示单个阶段的解。每一个计划 $p \in P_t$ 中包含了以下详细信息：累积需求 z_{cjt}、分配给本等级原始需求和其他等级转移需求的座位数量 x_{cjt}、本阶段溢出到下一阶段的溢出需求 δ_{cjt}。但是和 BM 不同的是，在 BM 中这些值是要求解的决策变量，在基于计划的模型（PBM）中，这些值对任一给定的计划 p 来说却是常量。为了使后面的讨论方便，我们对每一个计划 $p \in P_t$ 中的一些符号做如下定义：

符号

u_p：0－1 参数，如果计划 p 中的车次已经确定则有 $u_p = 1$，否则 $u_p = 0$。

x_{cjp}：非负的整数参数，分配给计划 p 中旅程 j 的 c 等座座位数。

$y_{c'cjp}$：非负的整数参数，计划 p 中旅程 j 的 c' 等座需求溢出到 c 等座的需求数。

z_{cjp}：计划 p 中对旅程 j 的 c 等座的累加需求。

δ_{cjp}：整数变量，计划 p 中旅程 j 的 c 等座的溢出需求。

θ_p：0－1 变量，如果计划 p 被选中则有 $\theta_p = 1$，否则 $\theta_p = 0$。

那么计划 p 的利润可通过下式计算求得

$$r_p = \sum_{c \in C} \sum_{j \in J} r_{cj} x_{cjp} + \sum_{j \in J} \sum_{c \in C} \sum_{c' \in C/\{c\}} r_{cj} y_{c'cjp} - e_t u_p \quad (5-10)$$

$$\forall p \in P_t,\ \forall t \in T$$

基于计划的模型其数学公式可表示为

$$\max \sum_{t \in T} \sum_{p \in P_t} r_p \theta_p \tag{5-11}$$

$$\text{s. t.} \quad \sum_{p \in P_t} \theta_p = 1 \qquad \forall t \in T \tag{5-12}$$

$$\sum_{p \in P_t} \alpha_{ct(t+1)} \delta_{cjp} \theta_p + d_{cjt} = \sum_{p \in P_{t+1}} z_{cjp} \theta_p \tag{5-13}$$
$$\forall c \in C, \ \forall j \in J, \ \forall t \in T$$

$$\theta_p \in \{0, 1\} \qquad \forall p \in P_t, \ \forall t \in T \tag{5-14}$$

其中目标函数(5-11)是使总的利润最大化。式(5-12)中的约束条件确保每一个阶段 t 都有且仅有一个计划被选中。式(5-13)是溢出需求的约束,它表明累积需求主要来自两个方面,即前一阶段的溢出需求和当前阶段的原始需求。在这个模型中,共有 $\mathbf{O}(|C||S|^2|T|)$ 约束条件,比 BM 中的约束条件少了很多,但是 PBM 中的计划变量却非常庞大。实际上,基于计划的需求模型 PBM 是 BM 的一个 Dantzig-Wolfe 分解。对于变量庞大的模型来讲,利用 Dantzig-Wolfe 分解一般都能为原整数规划问题找到较好的线性规划松弛,得到近似最优解。但是在问题中,这个线性松弛模型 PBM 却并不理想。

例 假设一个仅包含单个座位等级、单个旅程和单个阶段的问题。需求 $d = 70$,火车座位数 $n = 100$,车票价格 $r = 10$,固定运营成本 $e = 800$。有三种可能的计划 p_1、p_2 和 p_3,如表 5-2 所示。

表 5-2 最优线性规划松弛和最优整数规划解的对比

排班计划	是否发车	座位分配	收益 r_p	IP 的解	LP 的解
p_1	否	0	0	1	0.3
p_2	是	100	200	0	0.7
p_3	是	70	−100	0	0

因为总收益小于固定成本，最优的整数规划解应该是 $\theta_{p_1}=1$ 且总收益为 0。但是，线性规划松弛的最优解却是 $\theta_{p_2}=0.7$，$\theta_{p_1}=0.3$，总收益为 140。这是因为线性规划松弛的收益 $\left(\frac{70}{100}\times r_{p_2}\right)$，受需求数量 d 的影响非常大。当 $d\leqslant\frac{e}{r}$ 时，线性规划松弛的最优解和整数规划的最优解的差等于 $d\times\frac{nr-e}{n}$，且 $IP-LP$ 的差值永远为 1。所以当 d 稍小于 $\frac{e}{r}$ 时，PBM 的线性规划松弛为最优整数规划解所提供的信息很少(甚至可能是误导)。同样，BM 也面临着这样的问题。

5.3　基于路段的两阶段启发式算法

BM 和 PBM 不能为 MPMC - RPRM 问题提供较好的线性松弛，所以只能用分支定界法(branch-and-bound)来求解这个整数规划问题，但这将会非常耗时。所以本节提出了一个两阶段的基于旅程分解的启发式算法，在这个算法中，我们将每一个旅程分解为一系列连续的路段(leg)。首先，在第一阶段，建立基于路段(leg)的分解模型，然后对此分解模型进行求解。在第二阶段中，要求解一个受限的基本模型，其中开行列车车次的值由第一阶段求解得到。

5.3.1　基于路段的模型

在分解模型中，不用去考虑所有的旅程 J，而是将每一个旅程 j 分解为一些连续的路段的集合，用 $L_j(l\in L_j)$ 表示。我们还用路段的收益 r_l集合近似代替旅程的收益 r_j。正如在第 5.1 节中讨论过的，车票价格 r_j主要由旅程距离线性决定的。但是，当行驶距离超过 500 公里和 1 000 公里时有两种打折情况存在，并且在实际中，对距离超过1 000 公里旅程的需求相对较高。比如在京沪高铁的需求中，有相当大一部分的需求是直接从北京/上海到上海/北京。所以如果直接使用原来的基准运价即 0.79 元/公里和 0.46 元/公里是不准确的。为了计算一个合适的基准运价，把每一张车票的历史售出时间作为一个数据采集点，用一个简单的线性回归方法来估计最合适的基准运价。在我们的计算过程中，分别使用 0.745 元/公里和 0.445 元/公里作为修正后的基准运价。

符号

d_{lt}：旅程 t 中路段 l 的累积需求。$d_{lt}=\sum_{j\in J_l} d_{jt}$。

r_l：路段 l 的收益。

变量

x_{clt}：整数变量，分配给对车次 t 中路段 l 的 c 等座需求的 c 等座位数。

$v_{c'clt}$：0－1 变量，如果 c 等座的座位分配给了车次 t 中的路段 l 的 c' 等座的溢出需求，则 $v_{c'clt}=1$；否则 $v_{c'clt}=0$。

$y_{c'clt}$：整数变量，分配给车次 t 中路段 l 的 c' 等座的溢出需求的 c 等座位数。

z_{clt}：对车次 t 中路段 l 的 c 等座的累加需求。

δ_{clt}：整数变量，车次 t 中路段 l 的 c 等座的溢出需求。

MPMC－RPRM 的分解模型可列式如下：

$$\max \sum_{t\in T}\sum_{c\in C}\sum_{l\in L} r_{cl}x_{clt}+\sum_{t\in T}\sum_{j\in J}\sum_{c\in C}\sum_{c'\in C/\{c\}} r_{cl}y_{c'clt}-\sum_{t\in T}e_t u_t \tag{5-15}$$

$$\text{s.t.}\quad x_{clt}+\sum_{c'\in C/\{c\}} y_{c'clt}\leqslant n_c u_t \qquad \forall c\in C,\ \forall l\in L,\ \forall t\in T \tag{5-16}$$

$$z_{clt} = d_{clt} + \alpha_{c(t-1)t}\delta_{cl(t-1)} \quad \forall c \in C, \forall l \in L, \forall t \in T \tag{5-17}$$

$$\delta_{clt} = z_{clt} - x_{clt} - \sum_{c' \in C/\{c\}} y_{cc'lt} \quad \forall c \in C, \forall l \in L, \forall t \in T \tag{5-18}$$

$$y_{c'clt} \leqslant \beta_{c'ct}(z_{c'lt} - x_{c'lt}) + M_{c'clt}(1 - v_{c'clt}) \quad \forall c \in C, \forall c' \in C/\{c\}, \forall l \in L, \forall t \in T \tag{5-19}$$

$$y_{c'clt} \leqslant M_{c'clt} v_{c'clt} \quad \forall c \in C, \forall c' \in C/\{c\}, \forall l \in L, \forall t \in T \tag{5-20}$$

$$x_{cjt}, y_{c'clt}, z_{clt}, \delta_{clt} \geqslant 0, \text{ integers} \quad \forall c \in C, \forall c' \in C/\{c\}, \forall l \in L, \forall t \in T \tag{5-21}$$

$$u_t, v_{c'clt} \in \{0, 1\} \quad \forall c \in C, \forall c' \in C/\{c\}, \forall l \in L, \forall t \in T \tag{5-22}$$

和公式(5－9)相似，$M_{c'clt}$ 可以由下式计算得到：

$$M_{c'clt} = \min\{n_c, \beta_{c'ct}\max\{0, \sum_{t'=0}^{t}\alpha_{c't't}d_{c'lt'} - n'_c\}\} \quad \forall c \in C, \forall c' \in C/\{c\}, \forall l \in L, \forall t \in T \tag{5-23}$$

DM 的空间复杂度比 BM 要小很多，大约有 $\mathbf{O}(|C|^2|S||T|)$ 0－1 变量和 $\mathbf{O}(|C|^2|S||T|)$ 个约束条件，这大大简化了原模型的难度。

5.3.2　二阶段启发式算法

DM 的解给出了可选的车次 u_t 集合，但这个结果并不能指导经营者的日常运营决策，因为它并不能确定该给每个旅程 j 分配多少座位。为了解决这个难题，在第二阶段中，首先将 BM 中的变量 u_t 用从 DM 中得到的解来代替，即 u_t 不再是决策变量，而是已知的。然后再解一次受限的 BM，受限的 BM 可以很快求解出来，而且还能得到关于停靠站点和座席分配的详细信息。

5.4 模型扩展

本节对模型进行了拓展。具体来说，首先将模型拓展以处理多机型的问题。然后，在拓展模型中考虑了社会福利问题。

5.4.1 多车型问题

传统的机型分配(航空)/车型分配(公路)问题研究主要有两方面：一方面是将不同的机型或车型依据乘客需求、收益、运营成本等分配给不同的航班或路线，以实现总利润的最大化[153-156]。另一方面，在传统的铁路运输行业，在网络中不同的节点位置，收益管理是根据需求情况通过对火车的车厢进行分拆和重组来获得最大化的收益[157-159]。但是，高速铁路列车跟传统的列车相比其构造更像是飞机，因为高速火车的每节车厢在运营时不易接入或分离。高速铁路火车的车型有不同的容量和运营成本。所以，将本书的模型扩展来处理多车型而非单车型的问题会更加合理，目标仍然是总运营收益的最大化。

前面提到的基本模型(BM)可以通过拓展来处理多车型的问题。为了更清楚地描述扩展模型，引入一个可用车型集合 I，同时还增加了参数和变量的列车类型这一维度。对每一类型的火车 $i \in I$，座位等级集合用 C^i 表示，c^i 等级可用的座位数用 n_c^i 表示。对于一列在 t 时刻出发的车型为 i 的火车，其固定的运营成本用 e_t^i 来表示。

我们还对决策变量做如下扩展：

变量

u_t^i：0－1 变量，如果在最终的排程中，在 t 时刻出发的列车被选为车型 i，则有 $u_t^i=1$，否则 $u_t^i=0$。

x_{cjt}^i：整数变量，分配给在 t 时刻发出且车型为 i 的旅程为 j 的 c 等座需求的 c 等座位数。

$v_{c'cjt}^i$：0－1 变量，如果 c 等座的座位分配给了在 t 时刻发出且车型为 i 的旅程为 j 的 c' 等座的溢出需求，则 $v_{c'cjt}^i=1$，否则 $v_{c'cjt}^i=0$。

$y_{c'cjt}^i$：整数变量，分配给在 t 时刻发出且车型为 i 的旅程 j 的 c' 等座的溢出需求的 c 等座位数。

MPMC－RPRM 问题的多车型基本模型（MFBM）如下：

$$\max \sum_{i\in I}\sum_{t\in T}\sum_{c\in C}\sum_{j\in J} r_{cj}x_{cjt}^i+\sum_{t\in I}\sum_{t\in T}\sum_{j\in J}\sum_{c\in C}\sum_{c'\in C/\{c\}} r_{cj}y_{c'cjt}^i - \sum_{i\in I}\sum_{t\in T} e_t u_t^i \tag{5-24}$$

s. t.
$$\sum_{i\in I} u_t^i \leqslant 1 \qquad \forall t\in T \tag{5-25}$$

$$\sum_{j\in J_l} x_{cjt}^i+\sum_{j\in J_l}\sum_{c'\in C/\{c\}} y_{c'cjt}^i \leqslant n_c^i u_t^i \quad \forall i\in I,\ \forall c\in C,\ \forall l\in L,\ \forall t\in T \tag{5-26}$$

$$\delta_{cjt}=z_{cjt}-\sum_{i\in I} x_{cjt}^i \sum_{i\in I}\sum_{c\in C/\{c\}} y_{c'cjt}^i \quad \forall c\in C,\ \forall j\in J,\ \forall t\in T \tag{5-27}$$

$$z_{cjt}\leqslant d_{cjt}+\alpha_{c(t-1)t}\delta_{cj(t-1)} \quad \forall c\in C,\ \forall j\in J,\ \forall t\in T \tag{5-28}$$

$$y_{c'cjt}^i \leqslant \beta_{c'ct}(z_{c'jt}-x_{c'jt}^i)+M(1-v_{c'cjt}) \quad \forall i\in I,\ \forall c\in C,\ \forall c'\in C/\{c\},\ \forall j\in J,\ \forall t\in T \tag{5-29}$$

$$y^{i}_{c'cjt} \leqslant Mv_{c'cjt} \quad \forall i \in I, \forall c \in C, \forall c' \in C/\{c\}, \forall j \in J, \forall t \in T \tag{5-30}$$

$$x^{i}_{cjt}, y^{i}_{c'cjt}, z_{cjt}, \delta_{cjt} \geqslant 0 \quad \forall i \in I, \forall c \in C, \forall c' \in C/\{c\}, \forall j \in J, \forall t \in T \tag{5-31}$$

$$u^{i}_{t}, v_{c'cjt} \in \{0, 1\} \quad \forall i \in I, \forall c \in C, \forall c' \in C/\{c\}, \forall j \in J, \forall t \in T \tag{5-32}$$

MFBM 模型在式(5-1)—式(5-8)对 BM 进行了扩展，对和负载有关的决策变量 x 和 y 均引入一个新的车型维度 i。同时 MFBM 还增加了一个约束集合，见式(5-25)，这些约束保证在每一阶段最多只能选择一个车型。上述模型对 DM 和两阶段启发式算法也同样适用。

5.4.2 结合社会福利的收益管理问题

京沪高铁不仅仅要考虑赢利性，同时还应考虑对沿线民众的经济和社会影响，所以保证对京沪沿线每一城市一定数量的停靠非常重要。经济学家和交通运输专家认为高铁经济是中国经济持续增长的一个原因。尽管在一些城市停靠可能不会赢利，但是这样会带动当地的经济和社会发展。本书的模型可以用两种方法来考虑上述社会福利的问题：一是可以直接将最大化社会福利作为目标函数的一部分，不过，社会福利的取值函数很难准确评估，并且目标函数有可能会变得高度非线性，模型将会更加难以求解。二是将社会福利的问题作为模型的约束，规定每天在每一个城市停靠的最低次数。我们采用的是第二种方法，通过加入停靠次数的硬约束，即在每一个城市停靠的次数必须满足一个事先约定好的下界。这个方法在 BM 中可以很容易实现，如下式所示：

$$u_t \geqslant w_{st} \quad \forall s \in S', \forall t \in T \tag{5-33}$$

$$\sum_{c \in C} \sum_{j \in J_s} x_{cjt} + \sum_{c \in C} \sum_{c' \in C/\{c\}} \sum_{j \in J_s} y_{c'cjt} \leqslant M w_{st} \tag{5-34}$$

$$\forall s \in S', \ \forall t \in T$$

$$\sum_{t \in T} w_{st} \geqslant K_s \qquad \forall s \in S' \tag{5-35}$$

$$w_{st} \in \{0, 1\} \qquad \forall s \in S' \tag{5-36}$$

其中，K_s 是事先确定的在车站 s 停靠的最少次数。式(5-33)中的约束条件确保了车次 t 可以只停靠车站 s 如果 t 在解中被选中。式(5-34)是逻辑约束，如果车站 s 是车上需求的驶离或到达车站，那么 w_{st} 必须等于 1。式(5-35)保证总停靠次数必须大于等于 K_s。式(5-36)中的约束是 0-1 变量约束。

5.5 算 例 分 析

本节给出模型的实证结果，所有的计算是由 Dell Precision T7600 工作站完成，该工作站的配置为双英特尔 Xeon E5-2643 处理器，64 G 内存，操作系统为 64 位 Windows 7。本节中所列的计算时间从工作站的内部时间计算获得。所有的数学模型和算法通过 MS Visual C++ 2010 实现。所有的线性规划和混合整数规划问题由 Cplex 求解，Cplex 使用的可调用库是默认配置下的 12.5 版本。

5.5.1 算例生成

根据京沪高铁的历史售票记录构建多个算例，这些售票记录是由中国铁路公司提供的 2015 年 3—5 月份的销售数据。

具体来讲，构建了时间阶段的集合，包括三个不同的时间阶段：44、66 和 132。因为京沪高铁的日常规划周期是从早上 7:00 到晚上 6:00共 11 小时，所以对这三个时间阶段来讲，相邻的两列车的可能发车时间间隔分别为 15 分钟、10 分钟和 5 分钟。对每一个时间阶段，还分别建立了 11 路段和 22 路段两个不同路段数目的算例。11 路段的算例中的站点包含了京沪高铁沿线上的 12 个最大城市，22 路段的算例则包含了京沪沿线的所有 23 个城市。从构建的算例中的路段数目和可能的时间阶段数目来看，最大算例的规模已经超过了目前京沪高铁的日常运营规模。

在我们的算例中，只考虑两等级座位的票价机制，一等座和二等座。因为商务座和头等座的座位数目极小且需求相对独立，不在考虑范围。假定一等座的溢出需求到二等座的转移概率为 0.15，二等座的溢出需求到一等座的转移概率为 0.05。

算例中每日的需求量是通过计算历史数据的平均日需求量得到。每日的需求分布情况可通过将两个相对独立的正态分布混合曲线来刻画，早高峰在早上 9:00 左右，晚高峰出现在下午 5:00 左右(图 5－5)。9 点高峰的需求占 60%，5 点高峰的需求占 40%。假设需求损失符合一个指数分布，未被满足的需求每两个小时衰减一半，相当于每 5 分钟损失 2.85%。所以，5 分钟间隔的算例中溢出需求的转移比例为 97.15%，10 分钟间隔的转移率为 94.38%，15 分钟间隔的转移率为 91.69%。假设每一班列车 $(t \in T)$ 的运行成本为 $e_t = 400\,000$ 元。对每一个算例，还考虑了三种不同需求规模的情形，用需求系数的大小表示不同的需求规模，分别被设定为平均需求的 0.8 倍、1.0 倍和 1.2 倍。所以，共构建了 18 个算例，每一个算例以 T－A－B－C 的形式命名，其中 A 是路段的数量，B 是阶段的数目，而 C 是需求系数。

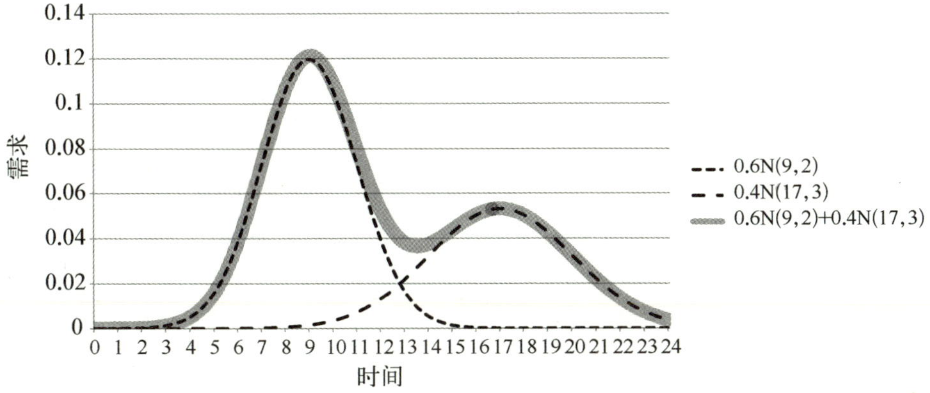

图 5-5　需求时间分布

5.5.2　基本模型的计算结果

本节记录了基本模型的运算结果。计算时间设定为 2 个小时。在表 5-3中，主要记录了变量的数量、0-1 变量的数量、约束条件的数量。还记录了最优的整数解、最佳线性上界、IP-LP 的差值以及基本模型的运算时间。最优差值用公式 $\dfrac{\text{线性解}-\text{整数解}}{\text{线性解}}\times 100\%$ 计算得到。所有的运算时间均以秒为计量单位。

表 5-3　基本模型的计算结果

测试案例	列 数	0-1变量数	行 数	整数解(IP)	线性解(LP)	最优差值	计算时间(秒)	开行车次
T-11-44-0.8	29 084	5 852	24 200	3 346	3 435	2.64%	7 200	14
T-11-44-1.0	29 084	5 852	24 200	4 311	4 479	1.56%	7 200	18
T-11-44-1.2	29 084	5 852	24 200	5 270	5 327	1.08%	7 200	22
T-11-66-0.8	43 626	8 778	36 300	3 318	3 536	6.55%	7 200	14
T-11-66-1.0	43 626	8 778	36 300	4 299	4 477	4.12%	7 200	18
T-11-66-1.2	43 626	8 778	36 300	5 219	5 426	3.94%	7 200	22

续 表

测试案例	列 数	0-1变量数	行 数	整数解(IP)	线性解(LP)	最优差值	计算时间(秒)	开行车次
T-11-132-0.8	87 252	17 556	72 600	3 293	3 649	10.82%	7 200	14
T-11-132-1.0	87 252	17 556	72 600	4 265	4 603	7.92%	7 200	18
T-11-132-1.2	87 252	17 556	72 600	5 097	5 629	10.43%	7 200	21
T-22-44-0.8	111 364	22 308	90 992	4 026	4 204	4.41%	7 200	17
T-22-44-1.0	111 364	22 308	90 992	5 153	5 342	3.68%	7 200	22
T-22-44-1.2	111 364	22 308	90 992	6 327	6 438	1.74%	7 200	26
T-22-66-0.8	167 046	33 462	136 488	4 042	4 319	6.86%	7 200	17
T-22-66-1.0	167 046	33 462	136 488	5 067	5 434	7.25%	7 200	23
T-22-66-1.2	167 046	33 462	136 488	6 195	6 511	5.10%	7 200	26
T-22-132-0.8	334 092	66 924	272 976	3 951	4 521	14.44%	7 200	17
T-22-132-1.0	334 092	66 924	272 976	5 104	5 629	10.28%	7 200	21
T-22-132-1.2	334 092	66 924	272 976	6 222	6 713	7.90%	7 200	27

从表 5-3 中可以看出，在 2 个小时的运算时间内，所有的算例都没能得到最优解。这可能是因 BM 中有数量较大的 0-1 变量和大 M 约束。IP-LP差值的平均值为 6.62%，其范围从 1%到超过 14%。最优值差值随阶段的数量 T 的增加而显著增加。需求系数也对最优差值影响较大。当需求系数较小时，最优差值显著上升。

5.5.3 两阶段启发式算法的计算结果

表 5-4 列出了两阶段启发式算法的性能特征。性能特征包括：① 问题的规模(列数、行数和 0-1 变量数)；② DM 的计算结果(整数解、最优线性上界、最优差值、运算时间)；③ 受限 BM 的计算结果(两阶段算法的第二阶段)。从表 5-4 可以看出，列数、行数和 0-1 变量数都要比 BM 少得多。在第一阶段通过求解 DM 可以得到 18 个算例中的 10 个算例的最优解。但是，运算时间会随着阶段数量的增加而急剧上升。只能得到 132 个阶段

的算例的近似最优解，却无法在给定的时间内得到它的最优解。132 个阶段的平均最优差值 3.33%。在启发式算法的第二个阶段中，所有的受限 BM 都能在 5 分钟内得到最优解。第一阶段的 DM 的目标值和第二阶段的受限 BM 的目标值差值约为 5%。这可能是因为网络效应的影响：在第一阶段，所有的旅程都被分解为路段，DM 的解比 BM 有更多的可售座位数。在 BM 中，如果一个旅程的任一个路段到达了其座位容量，整个这一旅程

表 5-4　两阶段启发式算法的计算结果

测试案例	第一阶段 DM							第二阶段		
	列 数	0-1 变量数	行数	整数解 (IP)	线性解 (LP)	最优差值	计算时间	整数解	计算时间	开行车次
T-11-44-0.8	4 884	1 012	4 840	3 546	3 546	0.00%	61	3 346	1	14
T-11-44-1.0	4 884	1 012	4 840	4 571	4 571	0.00%	74	4 318	2	18
T-11-44-1.2	4 884	1 012	4 840	5 577	5 577	0.00%	67	5 265	2	22
T-11-66-0.8	7 326	1 518	7 260	3 547	3 547	0.00%	982	3 347	2	14
T-11-66-1.0	7 326	1 518	7 260	4 573	4 573	0.00%	1 544	4 320	3	18
T-11-66-1.2	7 326	1 518	7 260	5 561	5 561	0.00%	778	5 253	3	22
T-11-132-0.8	14 652	3 036	14 520	3 573	3 681	3.01%	7 200	3 372	12	14
T-11-132-1.0	14 652	3 036	14 520	4 592	4 716	2.69%	7 200	4 328	11	18
T-11-132-1.2	14 652	3 036	14 520	5 583	5 711	2.29%	7 200	5 265	8	22
T-22-44-0.8	9 724	1 980	9 680	4 258	4 258	0.00%	234	4 056	15	17
T-22-44-1.0	9 724	1 980	9 680	5 440	5 440	0.00%	205	5 184	28	22
T-22-44-1.2	9 724	1 980	9 680	6 650	6 650	0.00%	97	6 335	25	26
T-22-66-0.8	14 586	2 970	14 520	4 286	4 322	0.83%	234	4 087	27	17
T-22-66-1.0	14 586	2 970	14 520	5 478	5 517	0.71%	217	5 219	29	22
T-22-66-1.2	14 586	2 970	14 520	6 607	6 607	0.00%	97	6 299	33	26
T-22-132-0.8	29 172	5 940	29 040	4 373	4 545	3.90%	7 200	4 120	169	18
T-22-132-1.0	29 172	5 940	29 040	5 587	5 747	2.87%	7 200	5 333	258	22
T-22-132-1.2	29 172	5 940	29 040	6 725	6 919	2.88%	7 200	6 406	246	26

就不能再售，但是在 DM 中，即使一段旅程中的一段路段售完，但其他路段依然可售。

5.5.4 MPMC - RPRM 的遗传算法求解

MPMC - RPRM 问题是一个大规模的 NP 难组合优化问题，而遗传算法通常被用来求解这一类的问题。所以我们也提出一个求解 MPMC - RPRM 的遗传算法。遗传算法的基本思路是在种群（population）中的每一个个体（individual）代表一个发车的车次集合，最初，个体的一些子集的值被设定为 1（$u_t=1$）。然后再求解受限的 BM 来求得可能的最大目标值，把这个目标值作为个体的适应度（fitness）。显然，我们提出的遗传算法试图在结果中搜索到最好的车次集合（u_t）。这里，用一系列 0 - 1 变量的值 u_t，$\forall t \in T$ 作为个体的染色体，染色体的大小是 $|T|$。

遗传算法开始于生成一个初始的种群。在我们的算例求解中，初始种群的大小设定为 200。因为选中的列车次数 $\sum_{t\in T} u_t$ 越多，计算时间越长。所以，计算了一个运行列车次数的上限，这个上限的值为 $\dfrac{\sum_{t\in T}\sum_{l\in L}\sum_{j\in J_l} d_{cjt}}{|L|\times n_c}$。在计算每一代种群时，一直选最好的 80 个个体作为下一代的父亲，这 80 个个体同样也会进入下一代种群中。

在做交叉的过程中，运用启发式算法尽量避开两列相近的列车同时被选中的情形。因为如果两个相邻的列车同时开出的话，后面的一列车通常不能获取足够多的需求。

运用交叉算子产生的后代种群代替了原来的父种群，为了更快搜索到更优的解，考虑将变异算子用到后代种群的生成中。具体来讲，对每一个染色体中的 u_t，t 会被以 0.05 的概率随机选中，被选中的 u_t 的值变为 $1-u_t$。在我们的计算中，遗传算法的终止时间为 2 个小时。计算结果见表 5 - 5。

表 5 - 5　基本模型、两阶段启发式算法和遗传算法的比较分析

测试案例	基本模型		两阶段启发式算法			遗传算法		
	目标值	计算时间	目标值	差值	计算时间（秒）	目标值	差值	计算时间（秒）
T-11-44-0.8	**3 346**	7 200	3 345	−0.03%	62	3 163	−5.76%	7 200
T-11-44-1.0	4 312	7 200	**4 318**	0.13%	76	4 140	−3.99%	7 200
T-11-44-1.2	**5 270**	7 200	5 265	−0.10%	69	4 933	−6.41%	7 200
T-11-66-0.8	3 318	7 200	**3 347**	0.87%	984	3 059	−7.80%	7 200
T-11-66-1.0	4 299	7 200	**4 320**	0.49%	1 547	3 921	−8.79%	7 200
T-11-66-1.2	5 220	7 200	**5 253**	0.64%	781	4 855	−7.02%	7 200
T-11-132-0.8	3 293	7 200	**3 373**	2.43%	7 242	2 842	−13.69%	7 200
T-11-132-1.0	4 265	7 200	**4 328**	1.47%	7 212	3 855	−9.61%	7 200
T-11-132-1.2	5 097	7 200	**5 265**	3.29%	7 209	4 532	−11.08%	7 200
T-22-44-0.8	4 027	7 200	**4 056**	0.71%	249	3 447	−14.40%	7 200
T-22-44-1.0	5 153	7 200	**5 184**	0.61%	233	4 681	−9.15%	7 200
T-22-44-1.2	6 328	7 200	**6 335**	0.11%	122	5 534	−12.55%	7 200
T-22-66-0.8	4 042	7 200	**4 088**	1.13%	7 228	3 617	−10.51%	7 200
T-22-66-1.0	5 067	7 200	**5 219**	3.01%	7 230	4 639	−8.45%	7 200
T-22-66-1.2	6 195	7 200	**6 299**	1.68%	5 254	5 436	−12.24%	7 200
T-22-132-0.8	3 951	7 200	**4 178**	5.74%	7 374	3 401	−13.93%	7 200
T-22-132-1.0	5 104	7 200	**5 333**	4.50%	7 466	4 344	−14.89%	7 200
T-22-132-1.2	6 222	7 200	**6 406**	2.97%	7 451	5 468	−12.12%	7 200

5.5.5　计算结果的对比

表 5 - 5 比较了基本模型、两阶段启发式算法和遗传算法的解。遗传算法(GA)被广泛地应用于大规模的组合优化问题求解，并且取得了相当大的成功。所以有必要把我们提出的两阶段的启发式算法和遗传算法进行

一下比较。表 5－5 中两阶段启发式算法和遗传算法的差值的计算是和 BM 相对比得到的，比如两阶段启发式算法下的差值是通过下式计算得到的：$\frac{\text{BM 的解}-\text{两阶段的解}}{\text{BM 的解}}$。

从表 5－5 中可以看出，两阶段的启发式算法给出了最好的解。具体来讲，在两阶段启发式算法的 18 个测试算例中得到了 16 个算例的最好解（加粗的字体表示是该算例中的最好解）。平均比 BM 的解增加了 1.65%。而剩下的 2 个测试算例中，BM 和两阶段的差值很小，甚至不到 0.1%。当测试算例规模较大时，两阶段算法表现要比 BM 明显要好，即使对小的算例来说，当总需求较低时，两阶段算法也会比 BM 表现明显要好。遗传算法在所有的测试算例中表现最差。另外，需要指出的是，对 44 阶段和 66 阶段的算例来说，两阶段启发式算法的运算时间要远远低于 BM 和 GA。

图 5－6 对比了算例 T－11－66－1.0 在整个规划期内每一路段的累积座位数。BM 所在的列表示的是在整个规划时间内通过 BM 模型求得的每个路段的累积分配座位数，可以用以下公式求得：$\sum_{t\in T}\sum_{j\in J_l}x_{cjt}+\sum_{t\in T}\sum_{j\in J_l}\sum_{c'\in C/\{c\}}y_{c'cjt}$。DM 这一列代表的是在整个规划时间内通过 DM 模型求得的累积分配到每一路段的座位数，可以通过下面的式子计算

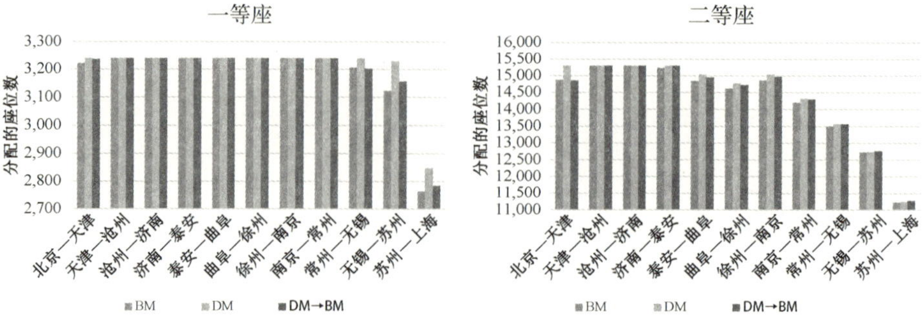

图 5－6　不同路段的累积座位分配数

得到：$\sum_{t\in T}x_{clt}+\sum_{t\in T}\sum_{c'\in C/\{c\}}y_{c'clt}$。DM→BM 所在的列表示的是通过二阶段启发式算法，最后分配给各路段的座位数。

从图 5－6 可以看出，对大多数路段来讲，这三个列分配了大致相同的座位数量。其余不同的路段中，DM 一直是数量最大，而 BM 是数量最小的列。这三列主要的不同体现在起点附近和终点附近的路段中。这一结论对其他的算例也同样成立。图 5－6 更加明确地表达了两阶段启发式算法能为每一路段分配更多的座位，所以它求得的解要比 BM 更好。

5.6　本 章 小 结

本章研究了一个多阶段、多等级的铁路客运收益管理（MPMC－RPRM）问题。和其他文献研究不同的是，我们研究了不同时段间和不同等级间的溢出需求的挽回问题。针对上述问题提出了一个基本的数学模型。但是因为这个模型有数量庞大的 0－1 变量和大 M 约束，所以对于实际生活中的大规模问题很难用基本模型在合理的时间内求解。因此，又提出了一个两阶段的基于分解的启发式算法来求解这一问题。我们还阐述了这个基本模型可以很容易地扩展到包含更多实际生活中要考虑的其他问题。算例分析表明我们提出的基于分解的两阶段启发式算法比基本模型和遗传算法明显要好得多。

本章还做了两个假设。第一，假设所有的列车必须从始发站（s_O）离开，终点站（s_D）抵达。但在实际运营中，列车有可能从 s_O或 s_D之外的其他站点开始或结束。放松这个假设，可以捕获更多的需求，从而产生更多的收益。所以，将来的研究方向可以考虑包含从所有站点始发或结束的旅程，这应该会是一个比较有趣也是比较重要的研究问题。第二，假定列车在沿途车

站 $s \in S/\{s_O, s_D\}$ 停靠的时间可以忽略不计。符合上述假定的排程在实际运行中并不合理,因为在实际运营中后面的列车极有可能会超过前面的列车。所以,在我们的模型中综合考虑具体的时间分配表的决策无疑会成为另外一个重要的研究方向。最后,在提出的模型中,只考虑了需求确定的情况,更深入的研究可以考虑需求随机的情况。考虑随机需求极有可能会大大增加收益,下一步的研究就是要验证这个问题。

第6章

竞争环境下基于需求转移的机型分配问题

机型分配问题(Fleet Assignment Problem, FAP)是将机队中不同的飞机机型与排班表上的航班相匹配的过程。一个航空公司的机型分配决策对收益的影响很大:如果为航段分配的机型的容量小于实际需求的话,会因座位容量不足而导致需求的溢出;相反,如果分配的机型容量大于实际需求,会导致座位的虚耗,从而产生较高的运营成本。以上两种情况都会造成利润的下滑,所以,机型分配问题是航空公司整个运营过程中的重要组成部分。但机型分配中的收益管理模型往往过于简单,难以反映竞争市场环境下收益系统的复杂性,所以本章主要研究竞争环境下如何将收益管理的模型与机型分配相结合,优化机型分配方案。

这一章的内容安排如下:6.2 节给出有关机型分配和基于选择的收益管理模型;在 6.3 节中,给出基于选择的收益管理和机型分配的综合模型;在 6.4 节中,证明了基于选择收益的机型分配模型和已有模型之间的关系;6.5 节是算例分析;最后 6.6 节给出了本章的结论。

6.1 研究背景

2014年，借力于经济的快速发展和燃油价格的下降，全球的航空公司都获得了比预期还要高的利润。国际航空运输协会(International Air Transport Association，IATA)宣布，全球民航业在2014年共获利199亿美元，而在2013年利润仅是106亿美元[160]。2014年，美国的四大航空公司(美国航空集团、达美航空公司、联合大陆控股有限公司和西南航空公司)共获利104亿美元[160]。在中国，根据中国的会计准则，中国国际航空公司整年的净利润为6.08亿美元[161]，中国东方航空公司的这一数字为6.62亿美元[162]。尽管有强劲的需求和持续走低的燃料成本，仍有很多的航空公司却依然面临着亏损的窘境。柏林航空公司，法航-荷航集团和澳洲航空宣布在2014年亏损。柏林航空公司的亏损额甚至高达5.6亿美元[163]。所以，除了市场环境以外，对航空公司来说，在规划和运营的过程中不断优化收益也是非常关键的。

通常来讲，航空公司的收益和以下三个主要的优化问题密切相关：航班排程设计、机型分配问题和收益管理问题。航班排程设计问题是航空公司通过对交通的预测、自身网络分析和赢利的分析，来确定要安排哪些航班。航班排程设计是一个长期的战略规划，一般要在一年多以前确定下来。航班排程确定之后，根据乘客的需求情况、收益和运营成本，将恰当的飞机机型分配给恰当的航班以确保利润的最大化，这一系列操作就被称作机型分配问题。机型分配问题是一个中期规划问题，一般提前半年多确定。收益管理问题是在微观市场层面预测消费者行为，通过优化产品可得性和动态定价实现收益的最大化。收益管理的主要目标是将恰当的产品以恰当的价格在恰当的时期通过恰当的渠道销售给恰当的消费者[24]。航空公司传统的做法是按顺序分别来解决这些问题，因为如果综合解决的话，这些问题的规模太过庞大很难求解[164]。然而，随着计算能力的革新，研究者们已经能将多个规划运营问题综合考虑，开发更好的求解方法。比如，研究者们证明了通过联合求解机型分配问题和收益管理问题能够带来收益的显著增加[8,139,155,165]。在这些文献中，作者们基于旅客混合模型(Passenger Mix Model，PMM)将机型分配问题和收益管理问题综合考虑。然而，旅客混合模型很难准确刻画旅客复杂选择行为。

近几年，离散选择模型吸引了大量研究者的注意，与混合模型相较，离散选择模型可以更加准确地描述消费者选择行为。另外，随着互联网技术的不断进步和大数据分析技术的应用，像选择集(Consideration Set)这样的信息现在可以较容易得到。越来越多的消费者从旅游网站或航空公司的官网来订购机票，这使得消费者的偏好数据能够更快速和准确地收集。通常地，消费者的浏览行为是消费者兴趣的综合反映，不同兴趣的消费者会访问不同类目、研究不同的产品。消费者的浏览行为包括消费者浏览了哪些产品以及访问产品的顺序，通常可以通过对点击流数据(Click-stream Data)的挖掘和分析来得到消费者的选择集。

在这一章中，基于离散选择的模型来综合研究机型分配问题和收益管理问题。贡献主要体现在以下几个方面：

(1) 提出了一个基于离散选择模型的机型分配和收益管理的综合模型，离散选择模型能够更准确地刻画旅客选择行为。

(2) 证明了本书提出的模型和另外两个被广泛使用的模型(分别是 Hane 等(1995)[153]和 Barnhart 等(2002)[8]提出的)之间的关系。结果显示本书的模型能提供最好的机型分配方案。

(3) 算例分析中使用了航空公司的真实数据，大部分的测试算例都能在合理的计算时间内得到令人满意的解。

6.2 预 备 知 识

6.2.1 机型分配模型

这一节主要介绍最基本的机型分配模型。机型分配的目的是通过为每一个航班分配最合适的机型从而实现利润的最大化。在基本的机型分配模型中，机型分配问题就是一个多产品网络流问题，如图 6－1 所示。这是一个两机型两机场的时空网络，横轴表示机场，分别是 A、B 机场；纵轴表示时间，从早上 9:00 到晚上 12:00。机型 1 的线路用实线表示，机型 2 的线路用虚线表示，每一种机型包括三种弧，分别是在空中的航班弧、地面弧以及连接机场首尾节点的弧。网络中的节点表示某个机场在一天中某个特定时间航班的进出港情况。

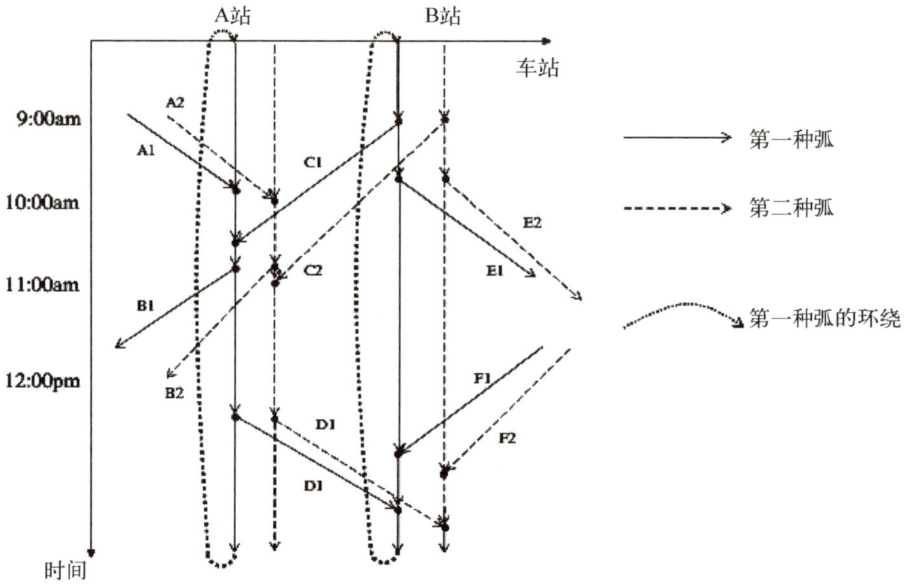

图 6－1　机型流的时空网络图

Hane 等人(1995)提出了基于时空网络的基础机型分配模型(Basic Fleet Assignment Model, BFAM)[153]。为了方便对 BFAM 讨论，首先给出以下参数和变量的定义：

集合

A：机场集合，下标用 a 表示。

L：航班表上所有的航班集合，下标用 l 表示。

K：不同的机型集合，下标用 k 表示。

T：所有机场中出发或到达时间的有序集合，下标用 t 表示。t 时刻的事件发生比 $t+1$ 时刻早。假定 $|T|=b$，那么 1 是最早的事件发生的时间，而 b 是最后的事件发生的时刻。

N：时空网络中节点的集合，每一个节点 $n \in N$ 由 k，a 和 t 唯一确定。

$L^+(kat)$：节点 n_{kat} 的流入航班集合。

$L^-(kat)$：节点 n_{kat} 的流出航班集合。

参数/数据

F_k：机型 k 的飞机数。

r_{kl}：当把航班 l 分配给机型 k 时的期望收益。

c_{kl}：当把航班 l 分配给机型 k 时的运营成本。

决策变量

f_{kl}：二进制变量，如果航班 $l(l \in L)$ 分配给机型 $k(k \in K)$，那么 $f_{kl}=1$，否则 $f_{kl}=0$。

y_{kat}：在机场 $a \in A$，$t \in T$ 时刻地面上的机型为 k 的飞机数量，同时 y_{kat} 也可以看成是在机场 $a \in A$，$t+1 \in T$ 时刻前地面上的机型为 k 的飞机数量。

有了上述对参数和变量的定义，下面给出 BFAM 模型的表达式：

$$(BFAM)\quad \max \sum_{l \in L} \sum_{k \in K} (r_{kl} - c_{kl}) f_{kl} \tag{6-1}$$

$$\text{s.t.} \quad \sum_{k \in K} f_{kl} = 1,\ \forall l \in L \tag{6-2}$$

$$y_{kat-1} + \sum_{l \in L^{+}(kat)} f_{kl} - y_{kat} - \sum_{l \in L^{-}(kat)} f_{kl} = 0,\ \forall n_{kat} \in N \tag{6-3}$$

$$\sum_{a \in A} y_{kat} + \sum_{l \in L^{-}(kat)} f_{kl} \leqslant F_k,\ \forall k \in K \tag{6-4}$$

$$f_{kl} \in \{0,1\},\ \forall k \in K,\ \forall l \in L \tag{6-5}$$

$$y_{kat} \geqslant 0,\ \forall n_{kat} \in N \tag{6-6}$$

式(6-1)是目标函数，它是使总利润最大化，这里的总利润等于总收益减去总运营成本。式(6-2)是航班覆盖约束，它确保每一个航班只能分配到一个机型。式(6-3)是机型平衡约束，表示的是每一节点飞机机型的流量。式(6-4)是机队规模约束，确保所有被用到的机型数量应该不大于该机型的总数量。式(6-5)—式(6-6)是0-1变量约束和非负变量约束。

但BFAM是一个基于航段的模型，其中的系数 r_{kl} 是航段的收益，它可以通过多种方式计算求得[166-167]。通常，一个包含多个航段的航程的价格会按一定的分配规则划分到各个航段。目前的分配规则主要包括两种：① 航程的价格均等地分到它所包含的所有航段中，每一航段差别地均分航程价格；② 航程的价格按不同航段里程长度的比例进行划分，即每航程分得的价格比例等于其在总航程的距离比例。然而，这种类型的收益估计可能很不准确[139]。对于多航段航程，如果某一航段座位全部售出，那么所有用到这一航段的航程将不能出售。而在BFAM模型中，航段可以看成是相对独立的，不受其他航段影响，这显然和实际不符。事实上，任一航段上的存量决策都直接或间接影响了其他航段的需求和存量决策，这一现象被称为网络效应[167-168]。

可以修改 BFAM 以覆盖网络效应的问题，只需要将模型中的基于航段的收益用基于航程的收益来代表即可。基于航程的模型还会用到以下一些符号。

J：航空公司提供的所有产品集合，下标用 j 或 p 来表示，可以是单航段产品也可以是包含多个航段的产品。

$SEATS_k$：机型 k 的容量。

D_j：对航程产品 j 的不受限需求量。

r_j：航程产品 j 的价格。

a_{lj}：0－1 指示参数，如果航程产品 j 用到航段 l，那么 $a_{lj}=1$，否则 $a_{lj}=0$。

x_j：航程产品 j 的销量。

通过对增加的符号的定义，改善的机型分配模型（Enhanced Fleet Assignment Model, EFAM）如下式所示：

$$(EFAM)\quad \max \sum_{j\in J} r_j x_j - \sum_{l\in L}\sum_{k\in K} f_{kl} c_{kl} \tag{6-7}$$

s. t.　(6－2)—(6－6)

$$\sum_{k\in K} SEATS_k f_{kl} - \sum_{j\in J} a_{lj} x_j \geqslant 0,\ \forall l \in L \tag{6-8}$$

$$0 \leqslant x_j \leqslant D_j,\ \forall j \in J \tag{6-9}$$

目标函数(6－7)是使总的利润最大化。式(6－2)—式(6－6)和 BFAM 中的约束意义相同。式(6－8)是容量约束，即保证所有用到该航段的航程销售出去的座位的总数不能大于该航段的座位容量。式(6－9)保证产品 j 的销售数量应该大于等于 0 小于等于对该产品的无约束需求。注意 x_j 这里没有规定是整数，因为是在平均需求的基础上建立的上述模型，所以 x_j

可以是分数。

EFAM 是一个简单的基于航程的模型，但是从约束条件(6 - 8)和(6 - 9)可以看出，模型只满足了座位容量这么多的需求，而未被满足的需求则会溢出，EFAM 假设所有溢出的需求都不能被再次挽回。然而，实际上，一部分的溢出需求有可能会被其他可替代的产品重新挽回。为了处理需求的溢出和挽回的问题，Barnhart 在 2002 年[8]提出了一个基于航程的机型分配模型(Itinerary-based Fleet Assignment Model, IFAM)。IFAM 模型的表达式我们将在下面给出，这里再定义两个要用到的参数。

δ_p^j：从产品 p 溢出的需求被产品 j 挽回的概率，它是被产品 j 成功挽回的转移需求占 p 的总溢出需求的比例。

D_l：对航段 l 的总需求，其中 $D_l = \sum_{j\in J} a_{lj} D_j$。

基于上面的符号，IFAM 可以定义为：

$$(IFAM) \quad \max \sum_{j\in J} r_j x_j - \sum_{l\in L}\sum_{k\in K} f_{kl} c_{kl} \tag{6-10}$$

s. t. (6 - 2)—(6 - 6)

$$\begin{aligned}\sum_{k\in K} SEATS_k f_{kl} &+ \sum_{j\in J}\sum_{p\in J/j} a_{lj}\delta_j^p (d_j - x_j)^+ \\ &- \sum_{j\in J}\sum_{p\in J/j} a_{lj}\delta_p^j (d_p - x_p)^+ \geqslant D_l,\ \forall l\in L\end{aligned} \tag{6-11}$$

$$x_j \geqslant 0,\ \forall j\in J \tag{6-12}$$

除了约束(6 - 11)—(6 - 12)外，IFAM 的数学公式同 EFAM 中的一样，约束(6 - 11)是容量约束。对航段 l 来说，表达式 $\sum_{j\in J}\sum_{p\in J/j} a_{lj}\delta_j^p (d_j - x_j)^+$ 是从产品 j 中溢出的旅客人数，而 $\sum_{j\in J}\sum_{p\in J/j} a_{lj}\delta_p^j (d_p - x_p)^+$ 是被产品 j 挽回的旅客人数。式(6 - 12)是保证 x_j 是一个大于 0 的正数。尽管

约束条件(6-11)是非线性的,但是它通过引入其他变量可以很容易转化为线性的。

IFAM 假设所有的溢出需求都能被其他替代品(包括不购买)按既定比例全部挽回。在 IFAM 中,乘客的挽回率可以用市场份额指数(Quantitative Share Index,QSI)来计算。但事实上,如果考虑市场上所有的产品,用 QSI 来准确计算挽回率的方法很难实现[8]。Barnhart 等在其文章中对挽回率的计算及影响因素做了详细的分析,证明用 QSI 求得的挽回率只是一个粗略的估计。如果不考虑市场竞争,IFAM 假定所有的溢出需求会被本公司提供的其他替代品全部挽回,是对市场的过于乐观的估计。而且,在文献[8]的模型中,作者还把 IFAM 中的挽回率认为是一个常量,不随替代产品的集合变化而变化,这样得到的结果可能并不准确。

Lohatepanont 等 2002 年的文章[169]中考虑了挽回率随市场上在售产品变化的情况,部分解决了挽回率是常量的问题。图 6-2 为文献[169]中的一个例子。

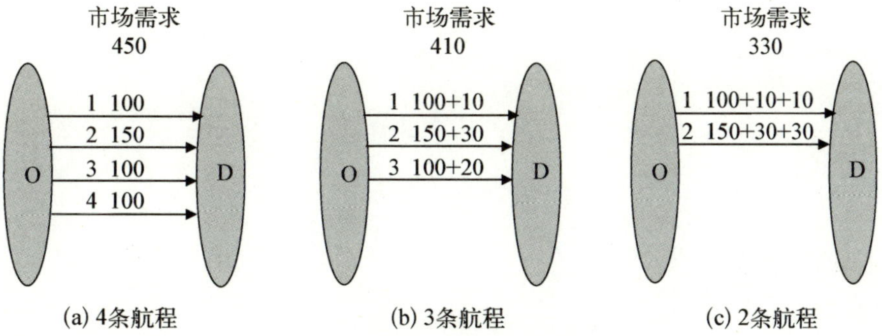

图 6-2　供给和需求的相互作用

在这个例子中,假设有 4 条航程,在图 6-2(a)中,除第二个航程有 150 个需求外,其他的每一个航程都是 100 个需求。如果删除第 4 条航程(如图 6-2(b)所示),那么原来航程 j_4 的 100 个需求中的 10 个会转移到 j_1,30 个会转移到 j_2,20 个会转移到 j_3,其他 40 个溢出需求将会不购买任何产品。

所以有 $\delta_{j_4}^{j_1}=0.1$，$\delta_{j_4}^{j_2}=0.3$，$\delta_{j_4}^{j_3}=0.2$。当航程 j_3 和 j_4 同时删除时，航程 j_1 和 j_2 增加的总需求分别是 $\delta_{j_3}^{j_1}D_3+\delta_{j_4}^{j_1}D_4=+20$ 和 $\delta_{j_3}^{j_2}D_3+\delta_{j_4}^{j_2}D_4=+60$。整个市场的有效需求估计是 330。

但是在 Lohatepanont 等(2004)的文章中[169]，作者认为"330"是对市场需求的过高估计，因为市场占有的份额可能会比规模份额下降更快[170]。市场占有率同规模份额之间的关系可用以下式来表示[171]：

$$MS_f=\frac{FS_f^{\beta}}{\sum_{g=1}^{m}FS_g^{\beta}} \tag{6-13}$$

在这个等式中，MS_f表示的是航空公司 f 的市场占有份额，FS_g是航空公司 g 的市场规模份额，m 是指市场上相互竞争的航空公司数量，$\beta\geqslant 1$ 代表的是市场规模对市场份额的影响，β 越大，影响越大。对于大多数航空公司来说，其市场规模份额(FS)一般是小于 0.5 的，所以其市场占有率的下降会比规模份额的下降明显要快。这种关系如图 6－3 所示。在市场规模比例小于 0.5 时，市场占有率的下降要快于规模的下降。

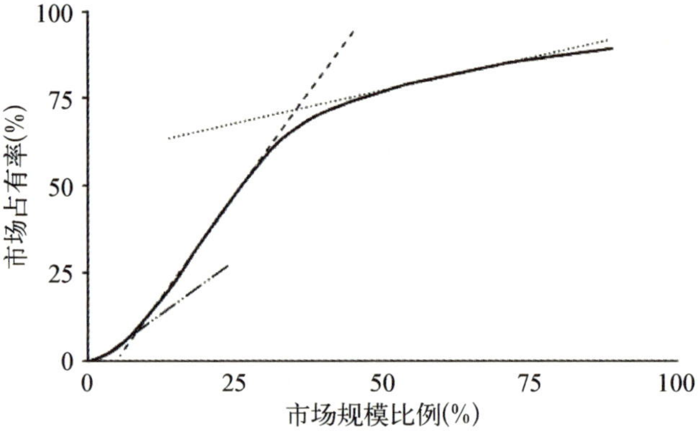

图 6－3　市场占有率同市场规模比率之间的 S 曲线关系

根据上述公式及市场占有率同市场规模比率之间的 S 曲线关系，当两个航程同时取消时，为了更加准确地计算调整后的需求量，作者用到了二阶度修正项(second-order degree correction term)的概念。同理,作者证明如果有 n 个航程同时取消时,就要用到 n 阶度修正项(nth degree correction terms)[169]。但是,这个采用 n 阶度修正项的方法有两个难点。首先高阶的修正项很难计算;其次,即使采用了 n 阶修正项,其结果也可能是不准确的。

下面用一个简单的例子(图 6-4)加以说明。图 6-2 和图 6-4 最大的不同是对溢出和挽回后的需求计算。简单来说,如果不考虑竞争,当航程 j_3 和 j_4 同时取消时,对航程 j_1 来说,其从航程 j_3 挽回的需求通常要比只有航程 j_3 取消时的挽回需求要大。这是因为航程 j_3 从航程 j_4 挽回的一部分需求因为航程 j_3 的取消而被 j_1 挽回。航程 j_4 到航程 j_1 的需求转移有着相同的情形。所以,航程 j_1 总需求的增加量应该是 $(\delta_{j_3}^{j_1}+\delta_{j_3j_4}^{j_1})D_3+(\delta_{j_4}^{j_1}+\delta_{j_4j_3}^{j_1})D_4=+30$,航程 j_2 总需求的增加量为 $(\delta_{j_3}^{j_2}+\delta_{j_3j_4}^{j_2})D_3+(\delta_{j_4}^{j_2}+\delta_{j_4j_3}^{j_2})D_4=+70$。所以总的市场有效需求应该是 350。

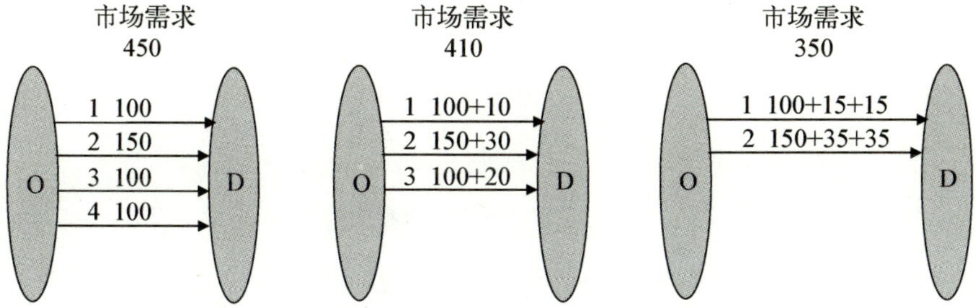

(a) 4条航程　　(b) 3条航程　　(c) 2条航程

图 6-4　供给和需求相互作用的另一种表示

最近,在收益管理领域中已经有人考虑到了这种情形[51],作者用广义的吸引力模型极好地解决了溢出与挽回的计算。

6.2.2　GAM 和基于销售的收益管理模型

在以往的文献中,描述不同替代产品间的需求依赖关系的模型有三种：BAM(Basic Attraction Model)、IDM(Independent Demand Model)和GAM(Generalized Attraction Model)。BAM假设所有未被满足的需求都能被替代品(包括不购买)全部挽回；IDM假设所有未被满足的需求全部丧失，不能被挽回；GAM在建模描述需求的溢出和转移时考虑了弹性，把不购买这一选项的吸引力大小看作是其他关闭产品的一个函数。为了说明三个模型的不同，我们用一个简单的例子来具体说明一下(表6-1)。

表6-1 BAM、GAM和IDM三种模型下转移率的比较

关系模型	1	2	3	4	5	0
v_j	3	3	2	2	1	1
BAM	3/7	0	2/7	0	1/7	1/7
GAM	3/9.5	0	2/9.5	0	1/9.5	3.5/9.5
IDM	3/12	0	2/12	0	1/12	6/12

例6.1 假设某市场上有5个可替代的航空产品，分别用1，2，…，5表示，0表示不购买任何产品。v_j的值是产品j对消费者的吸引力，w_j是影子吸引力(shadow attraction)，它指的是市场上其他产品对该产品的替代性，令$w_j = \theta v_j$。θ可以看作是替代强度或市场竞争强度，且本例中$\theta = 0.5$。当航空公司仅开放产品{1，3，5}而关闭产品{2，4}时，表6-1详细描述了不同模型下需求的溢出和转移现象。

在表6-1中，对BAM来讲，因为所有从产品2和产品4溢出的需求都被其替代品(包括不购买任何产品)挽回，这些对2和4的需求依据各替代品的吸引力比例在各产品间重新分配。对于IDM，所有从产品2和产品4溢出的需求都转移到了不购买任何产品，所以所有的溢出需求都损失了。对GAM来说，当产品2和产品4不再提供时，假设市场上还有竞争对手提供的产品2′和产品4′，且产品2′和产品4′对应着产品2和产品4，它们对消费者的吸引力分别是$w_2 = \theta v_2 = 1.5$，$w_4 = \theta v_4 = 1$。现在，所有替代品的集合变成了{1, 2′, 3, 4′, 5, 0},吸引为系数为{3, 1.5, 2, 1, 1, 1}。当不提供产品 2 和产品 4 时,不同模型下购买相应产品的概率如表 6-1 所列。

从这个例子可以看出,BAM 因为假设所有的溢出需求均能被挽回,所以 BAM 对挽回率的估计过于乐观。另一方面,IDM 假设所有的溢出需求均不能被挽回,全部丧失,所以 IDM 是对挽回率的一个过于悲观的估计。实际上,IDM 和 BAM 可以看作是 GAM 的两个极端的情况,分别对应着 $\theta=1$ 和 $\theta=0$。显然,GAM 因为添加了一个弹性参数 θ,所以比 IDM 和 BAM 更加符合实际情况。

为了更好地刻画消费者在收益管理系统中的选择行为,我们引入一个基于销售的线性规划模型(SBLP)[51]。下面给出模型所用到的一些符号和参数的定义:

S:客户细分类型的集合,下标用 s 表示。

C:l 维的向量,表示的是初始座位容量。

J_s:客户细分市场 s 的产品选择集,且有 $J_s \subseteq J$。

v_{sj}:产品选择集 J_s 中的产品 j 对客户的吸引力。

v_{s0}:产品选择集 J_s 中不购买产品的权重。

θ_s:表示细分市场 s 中的竞争程度,$\theta_s \in [0, 1]$。

w_{sj}:产品 $j \in J_s$ 的影子吸引力,且 $w_{sj}=\theta_s v_{sj}$。

$\hat{v}_{sj}$:对产品选择集 J_s 中产品 j 通过 GAM 修正后的偏好权重,$\hat{v}_{sj}=v_{sj}-w_{sj}$,$j \in J_s$。

$\hat{v}_{s0}$:对产品选择集 J_s 中不购买产品项通过 GAM 修正后的偏好权重,$\hat{v}_{s0}=v_{s0}+\sum_{j\in J_s} w_{sj}$。

α_s:细分市场 s 占整个市场的比重,有 $\sum_{s\in S}\alpha_s=1$。

D_s:细分市场 s 的无约束需求,且 $D_s=\alpha_s D$。

x_{sj}:产品 j 销售给细分市场 s 的数量。

在上面定义的基础上，SBLP 模型可由下式表示：

$$(CBLP)\quad \max \sum_{s\in S}\sum_{j\in J_s} r_{sj}x_{sj} \tag{6-14}$$

$$\text{s.t.}\quad \sum_{s\in S}\sum_{j\in J_s} a_{lj}x_{sj} \leqslant C \tag{6-15}$$

$$\frac{\hat{v}_{s0}}{v_{s0}}x_{s0} + \sum_{j\in J_s}\frac{\hat{v}_{sj}}{v_{sj}}x_{sj} = D_s,\ \forall s\in S \tag{6-16}$$

$$\frac{x_{sj}}{v_{sj}} - \frac{x_{s0}}{v_{s0}} \leqslant 0,\ \forall s\in S,\ j\in J_s \tag{6-17}$$

$$x_{sj} \geqslant 0,\ \forall j\in J,\ s\in S \tag{6-18}$$

目标函数(6-14)是实现收益最大化。式(6-15)是限制座位分配的总数。式(6-16)是均衡约束，保证在每一市场中所有产品的销量(包括不销售产品)的总和等于该细分市场的非约束需求。依据式(6-16)，当一些产品关闭不再销售时，剩下其他还开放的替代产品(包括不购买产品)的需求会相应改变，同时这些挽回的需求应匹配已关闭产品的需求。式(6-17)是规模约束，确保分配给不同产品的座位数与吸引力的比值满足一定的条件。

接下来，将基于消费者选择行为的 SBLP 模型和 EFAM 模型结合起来考虑，这样就能更合理地解决需求的溢出和转移问题。

6.3 收益与机型分配的综合模型(CFAM)

假设在一个具体的选择产品集里，有很多航空公司出售可相互替代的产品。假设市场上有 S 种细分顾客，每一个顾客群体 s 都有自己的产品选

择集 $J_s(J_s \subseteq J)$。航空市场中典型的顾客群体细分的例子是把旅客划分为以商务为目的的商务旅客(business)和以休闲为目的的休闲旅客(leisure)。其中商务旅客是时间敏感型的,而休闲旅客是价格敏感型的。比如,对时间敏感的顾客群体 s 来说,其产品选择集 J_s 包括那些出发时间邻近的一系列航空产品的集合(对舱位等级没有限制);对价格敏感的旅客 s 来说,其产品选择集 J_s 主要是所有低价格舱位产品的集合(对出发时间没有过多的要求)。

当对某一产品的需求大于该产品的座位容量时,一定比例的溢出需求会被产品选择集中的其他替代品挽回,剩下的需求会转移到其他航空公司或者直接丧失(不再购买该公司产品)。GAM 用来描述需求的溢出和转移。对其他仍开放产品的需求(包括不购买任何产品的选项)相应地发生改变,根据在 GAM 模型下吸引力的修正值,将对已关闭产品的需求按吸引力修正后的值重新分配。

在前面对参数和变量的定义的基础上,下面给出联合收益管理和机型分配的综合模型,基于选择的收益管理模型 CFAM。

$$(CFAM)\quad V^{CFAM} = \max \sum_{s \in S} \sum_{j \in J_s} r_{sj} x_{sj} - \sum_{l \in L} \sum_{k \in K} f_{kl} c_{kl} \tag{6-19}$$

$$\text{s.t.}\quad \sum_{k \in K} f_{kl} = 1,\ \forall l \in L \tag{6-20}$$

$$y_{kat-1} + \sum_{l \in L^{+}(kat)} f_{kl} - y_{kat} - \sum_{l \in L^{-}(kat)} f_{kl} = 0,\ \forall n_{kat} \in N \tag{6-21}$$

$$\sum_{a \in A} y_{kat} + \sum_{l \in L^{-}(kat)} f_{kl} \leqslant F_k,\ \forall k \in K \tag{6-22}$$

$$\sum_{k \in K} SEATS_k f_{kl} - \sum_{s \in S} \sum_{j \in J_s} a_{lj} x_{sj} \geqslant 0,\ \forall l \in L \tag{6-23}$$

$$\frac{\hat{v}_{s0}}{v_{s0}} x_{s0} + \sum_{j \in J_s} \frac{\hat{v}_{sj}}{v_{sj}} x_{sj} = D_s,\ \forall s \in S \tag{6-24}$$

$$\frac{x_{sj}}{v_{sj}}-\frac{x_{s0}}{v_{s0}}\leqslant 0,\ \forall s\in S,\ j\in J_s \tag{6-25}$$

$$f_{kl}\in\{0,1\},\ \forall k\in K,\ \forall l\in L \tag{6-26}$$

$$y_{kat}\geqslant 0,\ \forall n_{kat}\in N \tag{6-27}$$

$$x_{sj}\geqslant 0,\ \forall j\in J,\ s\in S \tag{6-28}$$

目标函数(6－19)是使总利润最大。约束条件(6－20)—等式(6－22)同 BFAM 中的约束条件(6－2)—等式(6－4)。约束条件(6－24)—Eq.(6－25)又和收益管理模型 CBLP 中的约束条件(6－16)—等式(6－17)相同。EFAM 和 SBLP 之间唯一链接是约束条件(6－23)，它确保了所有售出的座位数应当不大于该机型的座位容量。式(6－26)、式(6－27)和式(6－28)分别是 0－1 约束和非负约束。

6.4 CFAM 和已有模型之间的关系

6.4.1 CFAM 和 EFAM 模型的关系

EFAM 模型假设当旅客的需求得不到满足时，这些未被满足的需求会全部转移到竞争对手或不购买任何产品。对于产品选择集中的其他产品来说，没有任何挽回旅客。IDM 模型恰好可以描述这类需求溢出和转移的情形。在 IDM 中，对于这些溢出的需求来说，修正后的不购买产品的吸引力是：$\hat{v}_{s0}=v_{s0}+\sum_{j\in J_s}v_{sj}$，购买 $j\in J_s$ 产品的吸引力 $\hat{v}_{sj}=0$。这意味着，当产品 j 关闭后，所有对产品 j 的需求会溢出，并且全部转移到不购买任何产品。所以 CFAM 中的均衡约束简化为 $\frac{\hat{v}_{s0}}{v_{s0}}x_{s0}=D_s$。规模约束变成了 $x_{sj}=$

$\frac{v_{sj}}{\hat{v}_{s0}}D_s$，$j \in J_s$，表达式 $\frac{v_{sj}}{\hat{v}_{s0}}D_s$ 可以看作是细分市场 s 对产品 j 的需求。所以，EFAM 可以改写为下式（此处称 IDFAM，以示区别）：

$$(IDFAM)\quad V^{IDFAM} = \max \sum_{s \in S} \sum_{j \in J_s} r_{sj} x_{sj} - \sum_{l \in L} \sum_{k \in K} f_{kl} c_{kl} \tag{6-29}$$

$$\text{s. t.}\quad \sum_{k \in K} f_{kl} = 1,\ \forall l \in L \tag{6-30}$$

$$y_{kat-1} + \sum_{l \in L^+(kat)} f_{kl} - y_{kat} - \sum_{l \in L^-(kat)} f_{kl} = 0,\ \forall n_{kat} \in N \tag{6-31}$$

$$\sum_{a \in A} y_{kat} + \sum_{l \in L^-(kat)} f_{kl} \leqslant F_k,\ \forall k \in K \tag{6-32}$$

$$\sum_{k \in K} SEATS_k f_{kl} - \sum_{s \in S} \sum_{j \in J_s} a_{lj} x_{sj} \geqslant 0,\ \forall l \in L \tag{6-33}$$

$$\frac{\hat{v}_{s0}}{v_{s0}} x_{s0} = D_s,\ \forall s \in S \tag{6-34}$$

$$\frac{x_{sj}}{v_{sj}} - \frac{x_{s0}}{v_{s0}} \leqslant 0,\ \forall s \in S,\ j \in J_s \tag{6-35}$$

$$f_{kl} \in \{0,\ 1\},\ \forall k \in K,\ \forall l \in L \tag{6-36}$$

$$y_{kat} \geqslant 0,\ \forall n_{kat} \in N \tag{6-37}$$

$$x_{sj} \geqslant 0,\ \forall j \in J,\ s \in S \tag{6-38}$$

在上述公式的基础上，得到以下结论：

命题 6.1　$V^{IDFAM} \leqslant V^{CFAM}$

证明　假设 $(x'_{sj},\ x'_{s0},\ y'_{kat},\ f'_{kl})$，$s \in S$，$j \in J_s$，$k \in K$，$a \in A$，$t \in T$，$l \in L$ 是上式 IDFAM 的一组最优解，且模型中 v_{sj}，v_{s0}，$s \in S$，$j \in$

J_s 和 $w_{sj}=v_{sj}$，$j\in J_s$ 固定不变，即在 CFAM 模型中也有相同的值。我们可以构造 CFAM 的一组可行解 $(x_{sj}, x_{s0}, y_{kat}, f_{kl})$，$s\in S$，$j\in J_s$，$k\in K$，$a\in A$，$t\in T$，$l\in L$。

在 IDFAM 中，需求均衡约束可以写成：

$$\frac{\hat{v}_{s0}}{v_{s0}}x'_{s0}=D_s$$

其中 $\hat{v}_{s0}=v_{s0}+\sum_{j\in J_s}v_{sj}$，所以有

$$\begin{aligned}\frac{\hat{v}_{s0}}{v_{s0}}x'_{s0}&=\frac{v_{s0}+\sum_{j\in J_s}v_{sj}}{v_{s0}}x'_{s0}\\&=\frac{v_{s0}+\sum_{j\in J_s}w_{sj}+\sum_{j\in J_s}v_{sj}-\sum_{j\in J_s}w_{sj}}{v_{s0}}x'_{s0}\\&=\frac{v_{s0}+\sum_{j\in J_s}w_{sj}}{v_{s0}}x'_{s0}+\sum_{j\in J_s}\frac{v_{sj}-w_{sj}}{v_{s0}}x'_{s0}\end{aligned}\tag{6-39}$$

在 GAM 模型中，$\hat{v}_{s0}=v_{s0}+\sum_{j\in J_s}w_{sj}$，$\hat{v}_{sj}=v_{sj}-w_{sj}$。

$$\text{Eq.}\,(6-39)=D_s=\frac{\hat{v}_{s0}}{v_{s0}}x'_{s0}+\sum_{j\in J_s}\frac{\hat{v}_{sj}}{v_{s0}}x'_{s0}$$

令 $\dfrac{x'_{s0}}{v_{s0}}=\dfrac{x_{sj}}{v_{sj}}$，其中 x_{sj} 是 CFAM 的可行解，即 $x_{sj}=\dfrac{v_{sj}}{v_{s0}}x'_{s0}$。根据 IDFAM 中的规模约束，$\dfrac{x'_{sj}}{v_{sj}}-\dfrac{x'_{s0}}{v_{s0}}\leqslant 0$，所以有 $x_{sj}\geqslant x'_{sj}$。

x_{sj} 和 x_{s0} 满足 CFAM 中的规模约束条件 $\dfrac{x_{sj}}{v_{sj}}-\dfrac{x_{s0}}{v_{s0}}\leqslant 0$，有 $x_{sj}\leqslant\dfrac{v_{sj}}{v_{s0}}x_{s0}$，由此可得 $x_{s0}\geqslant x'_{s0}$。

令 $y'_{kat}=y_{kat}$，$f'_{kl}=f_{kl}$，则 $x_{s0}\geqslant x'_{s0}$ 和 $x_{sj}\geqslant x'_{sj}$ 能满足 CFAM 中的

需求均衡约束，这个约束条件可写成：

$$\frac{\hat{v}_{s0}}{v_{s0}}x_{s0}+\sum_{j\in J_s}\frac{\hat{v}_{sj}}{v_{sj}}x_{sj}=D_s$$

这表明 $x_{sj}\geqslant x'_{sj}$，$s\in S$，$j\in J_s$ 和一些 $x_{s0}\geqslant x'_{s0}$ 是 CFAM 模型中的需求均衡约束条件的可行解，且其他约束条件仍同时成立。CFAM 这组可行解的值要大于等于 IDFAM 的最优解的值，所以命题成立，即 $V^{IDFAM}\leqslant V^{CFAM}$。

□

6.4.2　CFAM 和 IFAM 模型的关系

IFAM 假设所有未被满足的需求会全部转移到该产品选择集中其他仍然开放的可替代产品。在这种假设前提下，可以利用离散选择模型重写 IFAM 模型。从产品 $j(j\in J_s)$ 溢出的需求可表示为 $(d_{sj}-x_{sj})^+$，其中 d_{sj} 表示来自细分市场 s 的对产品 j 的需求。在这些公式中，用挽回率的概念表示需求的转移情况。δ_p^j 表示对从产品 p（$p\in J_s$）溢出的需求被产品 j（$j\in J_s$，$p\neq j$）挽回的概率，或者说是从产品 p 溢出的需求转移到产品 j 的比率，且有 $\sum_{j\in J_s}\delta_p^j+\delta_p^0=1$。

假设只考虑需求的一次转移，那么 δ_p^j 的计算过程如下：当产品选择集 J_s 中所有产品都开放时，那么购买产品 j 的概率是 $\pi_j(J_s)=\dfrac{v_{sj}}{\sum_{j\in J_s}v_{sj}+v_{s0}}$，当产品关闭 p 时，原来对产品 p 的需求会溢出并被其他的可替代品部分挽回。在这种情形下，购买产品 j 的概率是 $\tilde{\pi}_j(J_s/p)=\dfrac{v_{sj}}{\sum_{j\in J_s}v_{sj}-v_{sp}+v_{s0}}$，和 $\Delta\pi_j(J_s)=\pi_j(J_s)-\tilde{\pi}_j(J_s/p)$。所以有 $\delta_p^j=\dfrac{v_{sj}v_{sp}}{(\sum_{j\in J_s}v_{sj}+v_{s0})(\sum_{j\in J_s}v_{sj}+v_{s0}-v_{sp})}$，$j\neq p$，$\delta_p^0=$

$\frac{v_{s0}v_{sp}}{(\sum_{j\in J_s} v_{sj}+v_{s0})(\sum_{j\in J_s} v_{sj}+v_{s0}-v_{sp})}$。这种需求的溢出和转移情形恰好符合 BAM 的假设。

在 BAM 中,还可以得到 $\hat{v}_{s0}=v_{s0}$ 和 $\hat{v}_{sj}=v_{sj}$。所以,CFAM 中的需求均衡约束就简化为 $x_{s0}+\sum_{j\in J_s} x_{sj}=D_s$。IFAM 模型可以改写成下面 BAFAM 的形式(我们称下面的模型为 BAFAM,以示同 IFAM 的区别)。

$$(BAFAM) \quad V^{BAFAM}=\max\sum_{s\in S}\sum_{j\in J_s} r_{sj}x_{sj}-\sum_{l\in L}\sum_{k\in K} f_{kl}c_{kl} \tag{6-40}$$

$$\text{s. t.} \quad \sum_{k\in K} f_{kl}=1,\ \forall l\in L \tag{6-41}$$

$$y_{kat-1}+\sum_{l\in L^+(kat)} f_{kl}-y_{kat}-\sum_{l\in L^-(kat)} f_{kl}=0,\ \forall n_{kat}\in N \tag{6-42}$$

$$\sum_{a\in A} y_{kat}+\sum_{l\in L^-(kat)} f_{kl}\leqslant F_k,\ \forall k\in K \tag{6-43}$$

$$\sum_{k\in K} SEATS_k f_{kl}-\sum_{s\in S}\sum_{j\in J_s} a_{lj}x_{sj}\geqslant 0,\ \forall l\in L \tag{6-44}$$

$$x_{s0}+\sum_{j\in J_s} x_{sj}=D_s,\ \forall s\in S \tag{6-45}$$

$$\frac{x_{sj}}{v_{sj}}-\frac{x_{s0}}{v_{s0}}\leqslant 0,\ \forall s\in S,\ j\in J_s \tag{6-46}$$

$$f_{kl}\in\{0,1\},\ \forall k\in K,\ \forall l\in L \tag{6-47}$$

$$y_{kat}\geqslant 0,\ \forall n_{kat}\in N \tag{6-48}$$

$$x_{sj}\geqslant 0,\ \forall j\in J,\ s\in S \tag{6-49}$$

根据上面的公式，我们可以推导得到以下结论：

命题 6.2　$V^{BAFAM} \geqslant V^{CFAM}$

证明　为了证明 $V^{BAFAM} \geqslant V^{CFAM}$，只需要证明 CFAM 的最优解是 BAFAM 的一个可行解。

假设 $(x_{sj}, x_{s0}, y_{kat}, f_{kl})$，$s \in S$，$j \in J_s$，$k \in K$，$a \in A$，$t \in T$，$l \in L$ 是 CFAM 的最优解，其中 v_{sj}，$s \in S$，$j \in J_s$ 和 v_{s0}，$s \in S$ 的值在两个模型中的值是不变的。接下来，构造一组 BAFAM 的可行解，$(x''_{sj}, x''_{s0}, y''_{kat}, f''_{kl})$，$s \in S$，$j \in J_s$，$k \in K$，$a \in A$，$t \in T$，$l \in L$。在 CFAM 模型中，需求均衡约束条件是：

$$\frac{\hat{v}_{s0}}{v_{s0}} x_{s0} + \sum_{j \in J_s} \frac{\hat{v}_{sj}}{v_{sj}} x_{sj} = D_s$$

因为 $\hat{v}_{s0} = v_{s0} + \sum_{j \in J_s} w_{sj}$，$\hat{v}_{sj} = v_{sj} - w_{sj}$，所以上面的等式可以写成下面的形式：

$$\begin{aligned} D_s &= \frac{v_{s0} + \sum_{j \in J_s} w_{sj}}{v_{s0}} x_{s0} + \sum_{j \in J_s} \frac{v_{sj} - w_{sj}}{v_{sj}} x_{sj} \\ &= x_{s0} + \sum_{j \in J_s} x_{sj} + \frac{\sum_{j \in J_s} w_{sj}}{v_{s0}} x_{s0} - \sum_{j \in J_s} \frac{w_{sj}}{v_{sj}} x_{sj} \\ &= x_{s0} + \sum_{j \in J_s} x_{sj} + \sum_{j \in J_s} w_{sj} \left(\frac{x_{s0}}{v_{s0}} - \frac{x_{sj}}{v_{sj}} \right) \end{aligned} \tag{6-50}$$

依据规模约束条件，有 $\frac{x_{sj}}{v_{sj}} - \frac{x_{s0}}{v_{s0}} \leqslant 0$，可以得到

$$x_{s0} + \sum_{j \in J_s} x_{sj} = D_s - \sum_{j \in J_s} w_{sj} \left(\frac{x_{s0}}{v_{s0}} - \frac{x_{sj}}{v_{sj}} \right) \leqslant D_s$$

令 $x_{sj}=x''_{sj}$，$y_{kat}=y''_{kat}$，$f_{kl}=f''_{kl}$，$x''_{s0}\geqslant x_{s0}$ 能满足需求均衡约束条件，有下式成立

$$x''_{s0}+\sum_{j\in J_s}x''_{sj}=x''_{s0}+\sum_{j\in J_s}x_{sj}=D_s$$

这表明 x_{sj}，$s\in S$，$j\in J_s$ 和 $x''_{s0}\geqslant x_{s0}$ 是一组需求均衡约束的可行解，且满足模型中其他的约束条件。$x_{sj}=x''_{sj}$，$y_{kat}=y''_{kat}$，$f_{kl}=f''_{kl}$，即明了 CFAM 的最优解是 BAFAM 的可行解，因 x''_{s0} 的大小对目标值没有影响，所以有 $V^{BAFAM}\geqslant V^{CFAM}$。 □

6.5 算例分析

这一节记录了模型的实证分析的结果。所有的测试问题都是由 Dell Precision T7600 工作站完成，该工作站的配置为双英特尔 Xeon E5－2643 处理器，128 G 内存，操作系统为 64 位 Windows 7。记录的运算时间从电脑的内部计时器获得(秒)。所有的数学模型和算法都是由C++语言实现，所有的线性规划和混合整数规划问题都是调用 Cplex 库完成的，Cplex 使用的可调用库是默认配置下的 12.5 版本。

6.5.1 算例生成

这里所用到的算例均来自中国某航空公司的实际运营数据。基本算例由四个不同规模的国内排程表生成，航班数分别是 184、510、800 和 1308。对每一个排程，我们还创建了两种不同的测试情形，分别是 4 种机型和 8 种机型。算例具体属性见表 6－2。每一个算例的名称由航班的数量和机型的类型共同组成，例如“Test－184－4”表示该测试案例中有 184

表 6-2　八个基本算例的属性特征

基本算例	航 段 数	机队规模	机场数量	产品数量
Test-184-4	184	4	8	1 178
Test-510-4	510	4	24	4 548
Test-800-4	800	4	32	8 806
Test-1308-4	1 308	4	91	17 790
Test-184-8	184	8	8	1 178
Test-510-8	510	8	24	4 548
Test-800-8	800	8	32	8 806
Test-1308-8	1 308	8	91	17 790

条航段分配到 4 个不同机型的机队中。

我们构造两种类型的航程。一种是直飞航程，每个航程只包括一个航段。另一种为多航段的中转航程，为了简化起见，只考虑了两个航段的中转航程。因为在我国，任两个通航的城市最多经过一次中转就可到达。当满足以下条件时，两个航段可以构成一个可行的航程：① 下一航段的起飞机场是上一航段的到达机场，且上一航段的起飞机场不是下一航段的到达机场，即不考虑往返，把往返的航段看成两个单独的航程；② 两个航段之间的中转时间设定在 40 分钟到 3 个小时。如果时间过短，这个航段不能实现有效的连接，如果时间过长，对旅客失去吸力。每一个航程向旅客提供两种不同的价格等级，一种是全价票，另一种是 8 折的折扣票。

细分市场的集合用 S 表示，每一个细分市场由一个 O-D 和乘客类型共同确定。乘客类型的划分同 6.3 节，包括商务乘客和休闲乘客两种类型。其中，商务乘客是时间敏感型的，这类乘客的选择集只包括某一特定时间段内的所有价格等级的航班。在我们的算例中，商务乘客的时间敏感性体现在只选择上午出发还是下午出发。商务乘客对选择集中的每一产品的偏好程度是基于航班的起飞时间和总航行时间。休闲旅客是价格敏感型的，这类乘客只考虑较低折扣价格的航班。在我们的算例中，休闲乘客的价格敏感性体现在可选择一天中的任一低价航班。休闲乘客对选择集中的产品偏好程度则是由航班的价格和起飞时间共同决定。对所有的乘客类型而言，起飞时间都会影响乘客的选择，起飞时间的权重可以用两个独立的正态分布的混合分布来描述(图 6－5)。乘客倾向意愿最强峰值出现在早上 9:00 和下午 5:00 左右，其中倾向早上的乘客占 60%，下午的乘客占 40%。

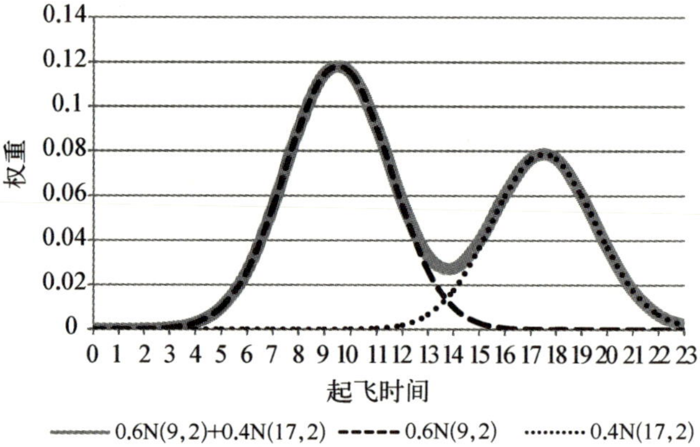

图 6－5　时间的权重

6.5.2　CFAM 的计算结果

表 6－3 记录了有适度竞争情况下($\theta=0.5$)CFAM 的运算情况。主要记录了以下内容：① 问题的规模(列数、行数和 0－1 变量数)；② CFAM 的计算结果(线性解、整数解、IP－LP 差值、最优值差、运算时间)。

表 6－3　CFAM 的性能特征($\theta=0.5$)

测试算例	列数	行数	0－1 变量数	线性解 (LP)	整数解 (IP)	IP－LP 差	最优值差	计算时间 (秒)
Test－184－4	3 498	3 634	736	31 057 200	30 050 000	3.24%	0.00%	1 372
Test－510－4	11 514	12 775	2 040	72 930 400	70 541 800	3.28%	1.28%	7 200

续　表

测试算例	列 数	行 数	0－1 变量数	线性解（LP）	整数解（IP）	IP－LP 差	最优值差	计算时间（秒）
Test－800－4	19 940	24 386	3 200	106 076 000	102 851 000	3.04%	1.81%	7 200
Test－1308－4	38 598	45 205	5 232	124 369 000	120 251 000	3.31%	2.13%	7 200
Test－184－8	5 706	5 482	1 472	33 103 600	31 627 600	4.46%	1.24%	7 200
Test－510－8	17 634	17 895	4 080	77 240 500	73 550 300	4.78%	2.36%	7 200
Test－800－8	29 540	30 844	6 400	113 336 000	107 733 000	4.94%	3.19%	7 200
Test－1308－8	54 294	58 388	10 464	126 965 000	122 609 000	3.43%	2.25%	7 200

从表 6－3 可以看出，设定运算时间为 2 个小时，只有一个最小的算例得到了最优解，其他算例的最优值的差距在 1.28%到 3.19%，对于航空公司战略规划层面的优化问题，这个差值是可以接受的。同时我们还可以从倒数第三列看到整数解和线性松弛得到的解的平均差值小于 4%，这说明我们的模型比较科学。另外，图 6－6 比较了四个算例在分别有 4 个机型和 8 个机型的情况下的利润情况。图 6－6 表明在 8 个机型的情况下，利润会比 4 个机型情况下平均要高 4%，且市场规模越小，利润差越明显。这比较容易理解，因为机型越多，模型会根据航段的实际需求选择最经济的机型

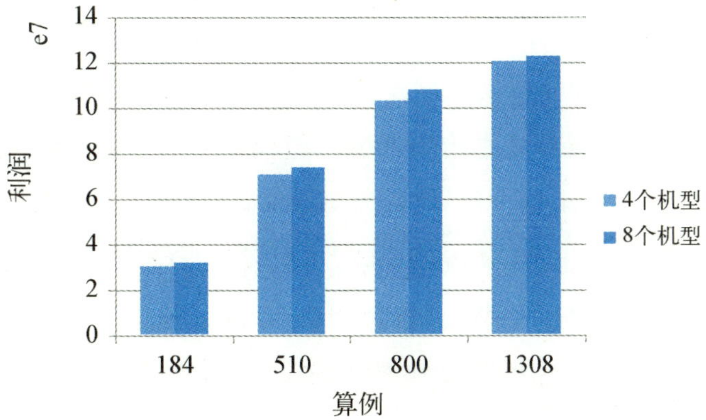

图 6－6　四种算例在不同机型数量下的收益比较

匹配，以实现利润的最大化；而机型越少，可选择的余地较小，势必会导致成本的上升或者需求的溢出，从而减少了利润。但是我们的模型中并没有考虑因增加机型而造成的运营成本的增加：比如由于机型的增多，相应的维护维修成本、机组成本等的投入增加明显。所以在实际的航空公司运营管理中，可以根据航空公司的规模、运营的线路，在做机型选择时通过平衡收益和成本确定恰当的机型投入类型。

6.5.3 不同竞争程度下的运算结果

对每一个基本算例，我们通过给定不同的 θ 值来反映市场的竞争程度：$\theta = 0.0, 0.3, 0.5, 0.7, 1.0$。

当 $\theta = 0$ 时，意味着影子吸引力 $w_j = \theta v_j = 0$，即竞争企业的产品对产品 j 的用户的吸引力为 0。这说明从产品 j 溢出的需求并不会转移到竞争对手提供的产品中去，而是全部转移到本公司提供的其他产品中去(包括不购买选项)。这种情况下模型就退化成了 BAFAM 模型。而当 $\theta = 1$ 时，意味着影子吸引力 $w_j = \theta v_j = v_j$，即竞争企业的产品对产品 j 的用户的吸引力等于产品 j 本身的吸引力。这说明从产品 j 溢出的需求完全转移到竞争对手提供的可替代产品中去，即所有溢出的需求都损失了。这种情况下模型就退化成了 IDFAM 模型。$\theta \in (0, 1)$ 则表明会有部分的溢出需求转移到竞争对手，而部分的需求转移到本公司提供的其他替代品中，且损失的概率随着 θ 的增加而增加。这就是本书提出的 CFAM 模型，它更加符合实际。而 θ 也可以被看成是市场竞争激烈程度的指示器。θ 越大，市场竞争越激烈，溢出的需求损失得越多，挽回得越少。

表 6-4 记录了 CFAM 模型的解。“列数”、“行数”分别记录了不同测试案例中的变量数和约束数。“整数变量”指的是模型中的 0,1 整数变量的个数，它的个数可以由机型类型数和航段数的乘积得到，即 $k \times l$。θ 的取值如上述，分别取 $\theta = 0.0, 0.3, 0.5, 0.7, 1.0$。“线性解”和“整数解”分别

表 6 - 4　CFAM 模型的性能特征

测试算例	列　数	行　数	整数变量	θ 值	线性解	整数解	IP - LP 差	Opt 差	计算时间(秒)
Test - 184 - 4	3 498	3 634	736	0.0	34 365 200	34 146 100	0.64%	0.00%	8
				0.3	31 735 100	31 032 100	2.22%	0.00%	338
				0.5	31 057 200	30 050 000	3.24%	0.00%	1 372
				0.7	30 414 800	29 491 900	3.03%	0.00%	19
				1.0	29 004 500	28 891 300	0.39%	0.00%	1
Test - 510 - 4	11 514	12 775	2 040	0.0	79 946 000	79 320 400	0.78%	0.00%	834
				0.3	74 339 000	72 534 800	2.43%	1.64%	7 200
				0.5	72 930 400	70 541 800	3.28%	1.28%	7 200
				0.7	71 515 000	69 194 800	3.24%	0.00%	6 995
				1.0	67 907 100	67 755 300	0.22%	0.00%	1
Test - 800 - 4	19 940	24 386	3 200	0.0	118 840 000	118 032 000	0.68%	0.00%	3 301
				0.3	108 527 000	105 826 000	2.49%	2.00%	7 200
				0.5	106 076 000	102 851 000	3.04%	1.81%	7 200

续 表

测试算例	列 数	行 数	整数变量	θ值	线性解	整数解	IP - LP 差	Opt 差	计算时间(秒)
Test - 800 - 4	19 940	24 386	3 200	0.7	103 909 000	100 867 000	2.93%	0.81%	7 200
				1.0	98 705 000	98 537 100	0.17%	0.00%	4
Test - 1308 - 4	38 598	45 205	5 232	0.0	141 500 000	140 080 000	1.00%	0.72%	7 200
				0.3	127 561 000	123 423 000	3.24%	2.66%	7 200
				0.5	124 369 000	120 251 000	3.31%	2.13%	7 200
				0.7	121 492 000	117 882 000	2.97%	1.08%	7 200
				1.0	115 353 000	115 202 000	0.13%	0.00%	4
Test - 184 - 8	5 706	5 482	1 472	0.0	36 684 600	36 329 200	0.97%	0.00%	86
				0.3	33 672 600	32 522 000	3.42%	1.53%	7 200
				0.5	33 103 600	31 627 600	4.46%	1.24%	7 200
				0.7	32 419 100	31 056 500	4.20%	0.00%	6 300
				1.0	30 534 800	30 339 800	0.64%	0.00%	1

续 表

测试算例	列　数	行　数	整数变量	θ值	线性解	整数解	IP - LP 差	Opt 差	计算时间(秒)
Test - 510 - 8	17 634	17 895	4 080	0.0	84 487 700	83 199 000	1.53%	0.00%	5 400
				0.3	78 508 200	75 923 800	3.29%	3.01%	7 200
				0.5	77 240 500	73 550 300	4.78%	2.36%	7 200
				0.7	75 696 600	72 429 500	4.32%	1.02%	7 200
				1.0	71 337 100	71 077 700	0.36%	0.00%	4
Test - 800 - 8	29 540	30 844	6 400	0.0	126 209 000	124 554 000	1.31%	1.05%	7 200
				0.3	115 700 000	111 377 000	3.74%	3.10%	7 200
				0.5	113 336 000	107 733 000	4.94%	3.19%	7 200
				0.7	110 907 000	106 259 000	4.19%	1.53%	7 200
				1.0	104 536 000	104 246 000	0.28%	0.00%	6
Test - 1308 - 8	54 294	58 388	10 464	0.0	143 864 000	143 486 000	0.26%	1.76%	7 200
				0.3	130 069 000	125 519 000	3.50%	3.07%	7 200
				0.5	126 965 000	122 609 000	3.43%	2.25%	7 200
				0.7	124 207 000	120 508 000	2.98%	1.21%	7 200
				1.0	118 337 000	118 176 000	0.14%	0.00%	14

记录了模型的线性松弛解和计算结束时的整数解。“$IP-LP$ 的差值”等于(线性解－整数解)/线性解。“Opt 差值”指的是最优解差值，它是当前结点的线性最优解和整数最优解的差值。“时间”是整个模型的求解时间。

从表 6-4 可以看出，求解 CFAM 模型非常耗时，甚至得不到最优解。当设定计算时间为 2 个小时，在所有的 40 个大小算例中，有 18 个算例得到了最优解，平均最优差值为 1.0%。计算所耗时间跟跟模型中航段的数量和机型的数量相关，随着数量的增加，耗时呈指数级增长。所有算例中 $\theta=1$ (对应于 IDFAM)的算例都在较短的时间内得到了最优解，这是因为 $\theta=1$ 默认了所有的溢出需求不会被其他替代品重获，所以无须计算溢出需求在不同产品间的转移，这大大节约了运算的时间。

另外，在其他算例的求解过程中，我们注意到第一个整数可行解的产生用时很长。根据定理 6.1，IDFAM 的最优解是 CFAM 模型的一个可行解，其值是 CFAM 的一个下界。为了缩短求解的时间，把 IDFAM 的解设为 CFAM 的初始可行解，在此可行解的基础上对 CFAM 模型继续优化以求得最优解。通过设置初始解，在设定的 2 小时计算时间内，4 个机型的算例中除 $\theta=1$ 之外的其余 16 个算例中有 7 个达到了最优解，在 8 个机型的案例中有 3 个达到了最优解。另外，值得注意的是，目标值随着 θ 值的增加而不断减小。因为 θ 代表着市场竞争的激烈程度，其值越大，预示着会有越多的溢出需求损失，相应的目标收益就会减少。

6.5.4 三种模型的运算结果对比

以算例“Test - 184 - 4”为例，我们比较了三种不同模型 BAFAM、CFAM、IDFAM 的求解结果。这三种模型对应着不同的 θ 值，分别是 $\theta=0$、$\theta\in(0, 1)$ 和 $\theta=1$。图 6-7 是对比的结果，其中 CFAM 反映了市场的实际竞争程度在(0, 1)之间变动时的利润情况；BFAM 是假定市场无竞争的情况下的最优解，并把这种最优解作用于实际市场后产生的实际利润；

IDFAM 是假定市场完全竞争，溢出需求全部损失的情形下求得的最优解作用于实际市场后产生的利润。从图 6－7 可以看出，BFAM 模型只在 θ 的值很小的时候（$\theta \leqslant 0.2$）表现尚好，当 θ 的值不断增加时，BFAM 表现越来越差。当 $\theta = 1$ 时，BFAM 情形下的利润比实际利润要少将近 10%。IDFAM 表现恰好相反，它假定市场是完全竞争，没有挽回的需求，所以当 θ 的值比较小的时候，即市场竞争不明显时，IDFAM 表现比较差，利润明显比前两个模型的利润低。特别是当 $\theta = 0$ 时，IDFAM 将会损失约 5.4%的利润，但是当 $\theta \geqslant 0.6$ 时，IDFAM 的利润和实际利润已经差别甚微。关于这三者之间的关系 Gallego 等(2015)[51]也给出了大致相同的结论。

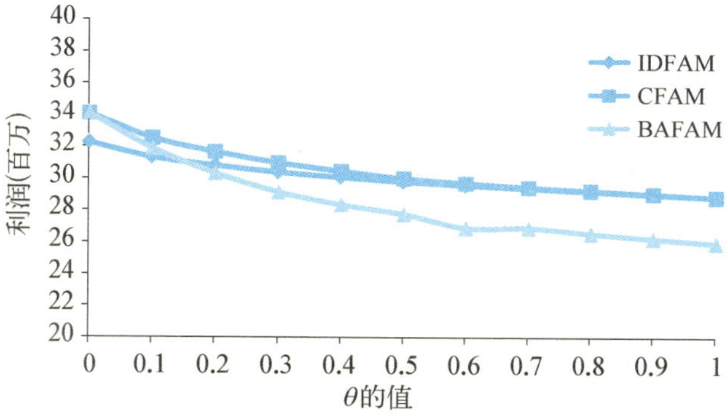

图 6－7　$\theta \in [0, 1]$ 时三种模型的利润比较

6.5.5　不同市场规模下三种模型运算结果对比

仍以算例“Test－184－4”为例，通过变化需求系数反应市场的规模。需求系数从 0.4 到 10，表示的是市场需求规模是当前规模的 0.4～10 倍。小于系数 0.4 的市场规模产生的利润是负值应不安排航班，大于系数 10 的市场规模应考虑增加航班架次，所以这两者都不属于我们考察的范畴。假定市场竞争强度 $\theta = 0.5$，表 6－5 记录了不同市场规模下三种不同模型 BAFAM、CFAM、IDFAM 的求解结果。这三种模型分别对应着 $\theta = 0$、

$\theta=0.5$ 和 $\theta=1$。其中 $\theta=0$ 和 $\theta=1$ 下的“原始解”指的是直接求解BAFAM模型和IDFAM模型所得到的解，“实际收益”是指将上述求解结果作用于实际市场即 $\theta=0.5$ 时得到的实际收益。“时间”记录的是求解时间，以“秒”为单位。“Gap1”和“Gap2”分别是“原始解”和“实际解”的差值以及“实际收益”和“实际解”的差值，用百分比表示，即Gap1=((原始解－实际解)/实际解)×100，Gap2=((实际解－实际收益)/实际解)×100。

从表6-5可以看出，当市场规模较小的时候，BAFAM的Gap1和Gap2均明显高于IDFAM下的值，这是因为BAFAM假定所有的溢出需求会等比例地全部转移到其他替代品中去，所以航空公司会关闭一些价格较低的产品，以促使低价需求向高价需求转移，从而提高收益。但实际情况却是这些因低价票关闭而产生的溢出需求并没有按预期的全部转移，而是有更多的需求损失，导致实际收益的下降明显。这再次说明了BAFAM是对现实情况的过高估计，而且需求越少误差越大。在IDFAM和CFAM模型中，因为考虑到溢出需求会全部或大部分损失，所以在这两个模型中会开放部分低价票，以捕获全部需求，因此IDFAM下的Gap1和Gap2相对较小。但IDFAM假定所有的溢出需求全部损失，过于保守，开放了过多的低价票。随着需求的增多，BAFAM的Gap是不断减小，到需求足够大的时候，Gap2的值降为0。这是因为BAFAM一直在为高价票分配更多的座位，而当需求足够大时，BAFAM和CFAM的模型均只给最高价机票分配了同样的座位数，所以其收益是相等的。IDFAM的两个Gap值是随着需求的增加先增加后减小，直到为0。因为随着需求的增加，CFAM会选择关闭或给低价票分配较少的座位，期望低价需求向高价需求转移，以增加收益。而IDFAM则一直保持低价票开放直到高价需求达到座位容量，所以当需求在一定范围内增加时，IDFAM与CFAM的收益差会不断变大，但随着需求的越来越大，大到IDFAM最高价机票需求和座位容量相等时，它和CFAM能实现相同的期望收益。图6-8列出了三种模型在不同市场规

表 6 - 5　不同市场规模下的结果比较

需求系数	θ = 0.0					θ = 0.5		θ = 1.0				
	原 始 解	实际收益	计算时间(秒)	Gap1(%)	Gap2(%)	实 际 解	计算时间(秒)	原 始 解	实际收益	计算时间(秒)	Gap1	Gap2
0.4	11 497 500	8 923 501	1	24.07	3.71	9 267 030	4	9 069 270	9 255 282	0.05	2.13%	0.13%
0.6	21 224 500	16 747 000	2	18.90	6.18	17 851 000	395	17 175 200	17 785 000	0.23	3.79%	0.37%
0.8	28 449 600	22 632 000	6	14.31	9.06	24 887 500	442	24 018 600	24 860 000	0.28	3.49%	0.11%
1	34 146 100	27 797 000	8	13.63	7.50	30 050 000	1 372	28 891 300	29 846 000	0.27	3.86%	0.68%
1.2	39 012 000	31 488 000	6	13.18	8.65	34 470 400	214	32 597 200	33 944 000	0.30	5.43%	1.53%
1.4	42 874 000	35 828 000	2	12.08	6.34	38 252 600	20	36 282 100	37 942 000	0.20	5.15%	0.81%
1.6	45 682 400	39 113 000	1	11.02	4.94	41 146 600	10	39 138 200	40 798 000	0.19	4.88%	0.85%
1.8	47 963 200	41 928 000	1	10.35	3.53	43 462 700	13	41 297 800	43 023 000	0.41	4.98%	1.01%
2	49 522 600	44 042 000	1	9.10	2.97	45 391 100	12	43 409 500	45 173 000	0.25	4.37%	0.48%
3	54 492 900	51 660 000	1	5.46	0.02	51 671 200	1	49 341 800	51 437 000	0.22	4.51%	0.45%
5	58 159 600	55 765 000	0	4.29	0.00	55 765 300	0	54 494 200	55 765 000	0.08	2.28%	0.00%
10	64 874 900	61 588 000	0	5.34	0.00	61 589 000	0	59 512 300	61 589 000	0.17	3.37%	0.00%

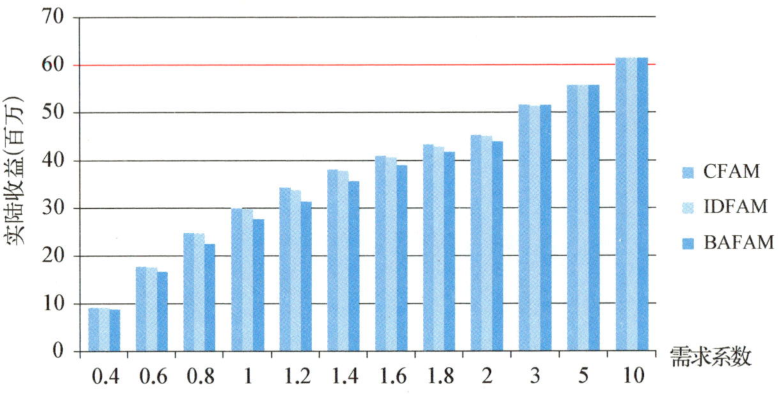

图 6-8　不同市场规模下三类模型的实际收益比较

模下的实际收益，从图中也能得到上述结论。

为了便于理解，下面给出一个简单的例子。

例 6.2　同例 6.1 一样，假设市场上有 5 个可替代的航空产品，分别用 1, 2, …, 5 表示，0 表示不购买任何产品。v_j 的值是乘客对产品 j 的偏好。市场上竞争激烈，竞争系数 $\theta=0.5$。假设航班座位容量为 $C=20$，各产品每售出一单位的期望收益如表 6-6 所示。

表 6-6　可选产品集基本信息

可选产品集合	1	2	3	4	5	0
偏好 v_j	3	3	2	2	1	1
期望收益	100	100	150	150	100	0

当需求 $D=12$ 时，即 $D<C$，此时 BAFAM 的最优决策是关闭两个低价产品，则原来低价的 6 个需求分别有 2 个转移到 3、4 产品中，1 个转移到 5 产品，损失 1 个，最大期望收益是 1 600。而 CFAM 和 IDFAM 如果关闭低价票，则有更多的需求损失，且损失的收益大于转移的收益，故在这两种策略下的最优分配方案是开放所有的产品供乘客选择，且分配的座位数满足公式 6-17，两种模型的最大期望收益均为 1 400。当需求为 $D=24$ 时，

有部分需求溢出，此时 CFAM 会倾向向高价票提供较多的座位，BAFAM 和 CFAM 的期望收益的差距在缩小，而 IDFAM 和 CFAM 的已经拉开差距。当需求为 $D=120$ 时，BAFAM 和 CFAM 均将座位分配给了最高价机票，两者的期望收益相等，而 IDFAM 和 CFAM 的期望收益差距进一步扩大。当需求为 $D=240$ 时，最高价机票的原始需求大于等于 C 时，三者将所有的座位均分配给了最高价产品，所以获得了相同的收益，三者的差距为 0(表 6－7)。

表 6－7　BAM、GAM 和 IDM 三种模型下座位分配及收益的比较

需求规模	模型类型	分配的座位数						期望收益	实际收益
12	BAFAM	0	0	4	4	2	2	1 600	1 066
	CFAM	3	3	2	2	1	1	1 400	1 400
	IDFAM	3	3	2	2	1	1	1 400	1 400
24	BAFAM	0	0	8	8	4	4	3 200	2 132
	CFAM	0	7	5	5	3	4	2 800	2 800
	IDFAM	4	6	4	4	2	4	2 600	2 600
120	BAFAM	0	0	0	0	20	100	4 000	3 400
	CFAM	0	0	0	0	20	100	4 000	4 000
	IDFAM	0	0	0	10	10	100	3 500	3 500
240	BAFAM	0	0	0	0	20	220	4 000	4 000
	CFAM	0	0	0	0	20	220	4 000	4 000
	IDFAM	0	0	0	0	20	220	4 000	4 000

上述例子证明了 6.5.5 中的结论。

6.6　本 章 小 结

文献[51]介绍了基于最先进的选择模型的收益管理模型，它能够相对客观地反映实际收益管理系统的复杂性。另外我们还注意到在机型分配模型中,考虑收益管理部分的模型太过简单。受到上述两方面的启发,我们提出了一个新的机型分配问题的模型。

本章主要做了以下三方面的工作:① 在这个模型中通过引入乘客的离散选择行为模型,使得机型分配中收益管理的部分更加符合实际;② 证明了该模型和传统的经典模型的关系;③ 算例分析说明我们可以在可接受的时间内算出令人满意的解。这个模型使得机型分配的结果更加准确,而且这个易处理的机型分配模块还能和航空公司运营过程中的其他问题综合起来考虑,比如运营阶段的收益管理决策问题等。

CFAM 模型是机型分配问题和基于选择的收益管理模型的一个综合。CFAM 比较容易扩展到其他已有的模型,而且我们也证明了基本机型分配模型 EFAM 和基于产品的机型分配模型 IFAM 是 CFAM 的两个极端情况。EFAM 相当于本书中的 IDFAM,它们均假设所有的溢出需求全部损失,它的计算结果是 CFAM 的一个下界;IFAM 相当于 BAFAM 模型,它们均假定所有的溢出需求会在本航空公司的提供的其他替代品中按一定比例重新分配,所以 IFAM 的结果是 CFAM 的上界。最后,本章的一个副产品是通过求解 CFAM,我们还给出了一个座位分配机制方案,这是和前人的研究大不相同的地方。

利用国内某大型航空公司的数据验证了我们的模型。基于上一节的算例分析,得出结论:CFAM 模型可以更加准确地反映真正的市场环境,比现有的模型产生更多的利润。为了评估我们的模型,验算了在不同市场规模和不同市场竞争水平下,多种网络大小的机型分配问题,验算的结果再次证明 CFAM 模型是可以用来解决实际大小的机型分配问题的。

第7章

总结与展望

7.1 总　　结

随着经济全球化趋势的不断发展与互联网的广泛应用，企业环境发生了巨大的变化：市场的复杂性和不确定性因素增加；用户需求层次不断升级，需求结构更加多样化。在这种环境下，企业如何通过分配有限的资源满足日益多样化的产品需求，已成为企业生存与发展所面临的重要问题。而收益管理是现代企业适应全球化竞争、满足客户对产品日益个性化、多样化需求的有效途径。考虑需求转移的收益管理是企业在复杂的互联网市场环境下提高收益的有效手段。本书正是在这一背景下，针对当前研究中的不足，从收益管理的核心技术入手，研究收益管理问题中考虑需求转移的资源优化分配问题。

第 1 章是引言部分，主要介绍了本书所研究问题的背景，然后叙述了收益管理的基本概念和收益管理的发展过程，最后从理论研究和应用推广两个方面指出了本书研究的价值。第 2 章是收益管理的文献综述，在回顾收益管理研究现状时，分理论研究与应用研究两部分介绍，并指出了当前研究的不足。

第 3 章研究了垄断市场情况下乘客需求双向转移的存量控制优化问题。我们以航空公司收益最大化为目标函数，建立了综合考虑需求双向转移的多等级机票的存量控制静态模型。借助 EMSR 启发式方法分析了航空公司的最优控制策略，给出了各等级保护水平的计算公式。同时证明了转移概率同价格比之间的相关性，当高等级价格和低等级价格比较大，即两等级价格差别较大时，降级购买的概率会增加，升级购买的概率会降低；反之亦然。这说明合理的价格组合是决定转移概率的一个重要因素。同时我们还改进了 FRAT5 曲线，将其应用在需求双向转移的多销售期间静态模型中，并给出了降级购买概率的定量计算公式。数值模拟算例表明，考虑乘客需求双向转移行为的存量控制策略所取得的收益会有显著增加。

第 4 章研究了竞争市场环境下，基于需求转移的航空公司座位分配博弈模型。考虑乘客需求在不同航空公司和不同产品间的转移，将乘客划分为忠诚顾客和弹性顾客，把有需求转移倾向的乘客归为弹性顾客。然后运用动态博弈理论，建立了一个动态模型来描述座位分配的重复竞争博弈。通过制定严格的触发策略，要求博弈方在每一轮博弈时给出决策，且一旦博弈的一方改变决策，那么在接下来的时间内就要保持这种决策直到博弈期结束。在这一假设前提下，对重复博弈模型进行分析和比较，得到了在绝不宽恕的触发策略下子博弈完美纳什均衡路径。最后讨论了总期望收益的变化趋势并为航空公司实施座位分配策略提出了一些建议。

第 5 章和第 6 章是将收益管理中基于消费者行为的存量控制理论应用于企业的其他运营决策中。其中第 5 章是将收益管理理论运用于高铁的排程中，假定消费者需求会在不同阶段的车次和同一车次的不同等级间转移，来确定高铁的发车时间、停靠的沿途站点及各细分市场的座位分配。建立了考虑需求双向转移的网络座位分配基本模型，为了解决基本模型的求解难题，还设计了一个两阶段的启发式算法进行求解，算例分析证明了算法的高效性。第 6 章主要是结合了航空公司的机型分配问题，提出了基于选择收益的机型分配模型，该模型能充分反映市场特征和乘客购买行为，为航空公司科学制定机型分配策略提供了决策支持。

7.2 展 望

收益管理问题的本质是一个多环节需求管理问题，随着市场环境的日益复杂和网络技术的进步，顾客需求表现出更多的复杂性和不确定性，所以收益管理必须考虑需求的这些特征。本书在分析收益管理问题时，系统地研究如何构建基于乘客行为的资源分配模型，取得了一些研究结果。本书认为，基于乘客选择行为的收益管理理论及应用研究是一个值得深入的课题，进一步的研究可包括以下几个方面。

(1) 改进收益管理中的选择模型。目前的多数基于选择的收益管理模型均是假设乘客对产品的偏好是固定不变的，航空公司根据乘客的偏好制定相应的收益管理策略，而乘客只能被动地在航空公司提供的产品间选择。但实际上，乘客的偏好并不是一成不变的，乘客有边学习边选择的特征，会根据航空公司上一阶段的策略调整下一阶段的预期及产品偏好，也就是说乘客的偏好还与航空公司的存量控制策略有关，是动态可变的。如何构建消费者的动态选择模型并运用于收益管理将是下一步研究的一个方向。

(2) 不确定需求代替确定性需求。我们第 5 章和第 6 章的应用研究中的需求均是基于历史数据的估计，是确定性的需求。但实际中的需求是随机的、不确定性的，它可能服从某种概率分布。将来的研究应考虑需求不确定的情况下的收益管理模型，这样的模型会更加复杂，甚至是非线性的。在此基础上设计针对需求不确定的模型的高效算法，提高计算效率。

（3）研究更加广泛的收益管理应用问题。基于选择行为的收益管理可以和企业的其他运营问题综合起来考虑，可以得到更符合实际的决策。另一方面可以结合行业实际，将基于消费者行为的收益管理思想推广到其他行业应用。比如我们第 6 章的研究就是综合了航空公司的机型分配问题，第 5 章的研究则是将基于消费者行为的收益管理思想运用到高铁行业。今后，结合企业实际应用方面的研究，比如医院门诊预约、酒店、汽车租赁等行业，这些行业都有着比较鲜明的特征，如何应用收益管理技术匹配不同行业实际问题，提高社会效益，也是收益管理中的一个重要分支。

参考文献

[1] 中国民航网. 2014年民航行业发展统计公报[EB/OL][2015-06-10]. http://www.caacnews.com.cn/newsshow.aspx?idnews=272072, 7, 2015.

[2] 阴悦. 我国高速铁路对社会经济发展的影响研究[J]. 现代商业，2015，23：143-144.

[3] 中国新闻网. 2014年中国铁路发送旅客23.57亿人同比增11.9%[EB/OL][2015-04-30]. http://finance.chinanews.com/cj/2015/04-30/7245220.shtml, 4, 2015.

[4] Brumelle S L, Mcgill J I, Oum T H, et al. Allocation of airline seats between stochastically dependent demands [J]. Transportation Science, 1990, 24: 183-192.

[5] Littlewood K. Forecasting And Control Of Passenger Bookings[C]//AGIFORS 12th Annual Symposium Proceedings, 1972, 24: 95-117.

[6] Talluri K T, Van Ryzin G. The Theory and Practice of Revenue Management [M]. New York: Kluwer Academic Publishers, 2005.

[7] 张力，蓝伯雄. 基于旅客选择的高速铁路客运收益管理研究[J]. 运筹与管理，21：116-125.

[8] Barnhart C, T Kniker M. Itinerary-based airline fleet assignment [J]. Transportation Science, 2002, 37(4): 368-391.

[9] McGill J, Ryzin G. Revenue management: Research overview and prospects[J]. Transportation Science, 1999, 33: 233 - 256.

[10] Bitran G, Caldentey R. An overview of pricing models for revenue management [J]. Manufacturing and Service Operations Management, 2003, 5: 203 - 229.

[11] Elmaghraby W, Keskinocak P. Dynamic pricing in the presence of inventory considerations: Research overview, current practices and future directions[J]. Management Science, 2003, 49(10): 1287 - 1309.

[12] 陈旭. 酒店收益管理的研究进展与前景[J]. 管理科学学报,2003,6: 72 - 78.

[13] 罗利,萧柏春. 收入管理理论的研究现状及发展前景[J]. 管理科学学报,2004,7: 75 - 83.

[14] 李金林,徐丽萍. 收益管理的研究现状及发展趋势[J]. 北京工商大学学报(自然科学版),2007,25: 56 - 61.

[15] 樊玮,吴桐水. 航空公司收益管理研究综述[J]. 中国民航学院学报,2006,24: 42 - 50.

[16] Belobaba P. Air travel demand and airline seat inventory management [D]. Cambridge, MA: Massachusetts Institute of Technology, 1987.

[17] Brumelle S L, McGill J I. Airline seat allocation with multiple nested fare classes [J]. Operations Research, 1993, 41(1): 127 - 137.

[18] Wollmer R D. An airline seat management model for a single leg route when lower fare classes book first[J]. Operations Research, 1992, 40(1): 26 - 37.

[19] Robinson L W. Optimal and approximate control policies for airline booking with sequential nonmonotonic fare classes [J]. Operations Research, 1995, 43(2): 252 -263.

[20] Curry R E. Optimal airline seat allocation with fare classes nested by origins and destinations[J]. Transportation Science, 1990, 24(3): 193 - 204.

[21] Lautenbacher C J, Stidham J. The underlying Markov decision process in the single-leg airline yield-management problem[J]. Transportation Science, 1999, 33(2): 136 - 146.

[22] 李金林，徐丽萍. 运输网络中舱位控制模型与策略[J]. 交通运输工程学报，2009，9(1)：100－108.

[23] Glover F, Glover R, Lorenzo J. The passenger-mix problem in the scheduled airlines[J]. Interfaces, 1982, 12(3): 73－80.

[24] Talluri K, Van Ryzin G. A randomized linear programming method for computing network bid prices[J]. Transportation Science, 1999, 33(2): 207－216.

[25] Cooper W L. Asymptotic behavior of an allocation policy for revenue management[J]. Operations Research, 2002, 50(4): 720－727.

[26] Smith B C, Penn C W. Analysis of alternative origin-destination control strategies[J]. Operations Research, 1988, 40: 26－37.

[27] Ciancimino A, Inzerillo G, Lucidi S, et al. A mathematical programming apprach for the solution of the rail way yield management problem[J]. Transportation Science, 1999, 33(2): 168－181.

[28] Chen V C. A Markov decision problem based approach to the airline YM problem. The Logistics Institute, Georgia Institute of Technology, Citeseer.

[29] Chen V C. Solving for an optimal airline yield management policy via statistical learning[J]. Journal of the Royal Statistical Society: Series C (Applied Statistics), 2003, 52(1): 19－30.

[30] Moller A, Werner R, Weber K. A new approach to O&D revenue management based on scenario trees[J]. Journal of Revenue and Pricing Management, 2004, 3: 265－276.

[31] Zhang D, Adelman D. An approximate dynamic programming approach to network revenue management with customer choice[J]. Transportation Science, 2009, 43(3): 381－394.

[32] Huang K, YT L. A dynamic programming algorithm based on expected revenue approximation for the network revenue management problem[J]. Transportation Research Part E: Logistics and Transportation Review, 2011, 47(3): 333－341.

[33] Kunnumkal S, Topaloglu H. A new dynamic programming decomposition method for the network revenue management problem with customer choice behavior[J]. Production and Operations Management, 2010, 19(5): 575 - 590.

[34] Zhang D. An improved dynamic programming decomposition approach for network revenue management [J]. Manufacturing & Service Operations Management, 2011, 13(1): 35 - 52.

[35] Cooper W L, Mello T. A class of hybrid methods for revenue management[J]. Citeseer. 2006.

[36] Siddappa S. A statistical modeling approach to airline revenue management[J]. Citeseer. 2006.

[37] Subramanian J, Stidham S, Lautenbacher C J. Airline yield management with overbooking, cancellations, and no-shows[J]. Transportation Science, 1999, 33(2): 147 - 167.

[38] Gosavi A, Ozkaya E, Kahraman A F. Simulation optimization for revenue management of airlines with cancellations and overbooking[J]. OR Spectrum, 2005, 29(1): 21 - 38.

[39] Sulistio A, Kim K H, Buyya R. Managing cancellations and no-shows of reservations with overbooking to increase resource revenue[C]//Proceedings of Cluster Computing and the Grid, 2008. CCGRID'08. 8th IEEE International Symposium on. IEEE. 267 - 276.

[40] Topaloglu H, Birbil S I, Frenk J B G, et al. Tractable open loop policies for joint overbooking and capacity control over a single flight leg with multiple fare classes[J]. Transportation Science, 2012, 46(4): 460 - 481.

[41] Aydin N, Birbil S I, Frenk J B G, et al. Single-leg airline revenue management with overbooking[J]. Transportation Science, 2013, 47: 560 - 583.

[42] Talluri K, Ryzin G. Revenue Management Under a General Discrete Choice Model of Consumer Behavior[J]. Management Science, 2004, 50(1): 15 - 33.

[43] Belobaba P, Hopperstad C. Boeing and MIT simulation study: PODS results

update[R]. AGIFORS Reservations and Yield Management Study Group Symposium, 4, 1999.

[44] Liu Q, Ryzin G. On the choice-based linear programming model for network revenue management[J]. Manufacturing & Service Operations Management, 2008, 10(2): 288 - 310.

[45] Bront J M, Méndez-Díaz I, Vulcano G. A column generation algorithm for choice-based network revenue management[J]. Operations Research, 2009, 57(3): 769 - 784.

[46] Meissner J, Strauss A. Improved bid prices for choice-based network revenue management[J]. European Journal of Operational Research, 2012, 217(2): 417 -427.

[47] Vossen W M, Zhang D. A dynamic disaggregation approach to approximate linear programs for network revenue management[J]. Production and Operations Management, 2014, 24(3): 469 - 487.

[48] Tong C, Topaloglu H. On the approximate linear programming approach for network revenue management problems[J]. INFORMS Journal on Computing, 2014, 26(1): 121 - 134.

[49] Gallego G, Topaloglu H. Constrained assortment optimization for the nested logit model[J]. Management Science, 2014, 60(10): 2583 - 2601.

[50] Talluri, Kalyan. New Formulations for Choice Network Revenue Management [J]. INFORMS Journal on Computing, 2014, 26(2): 401 - 413.

[51] Gallego G, Ratliff R, Shebalov S. A general attraction model and sales-based linear program for network revenue management under customer choice[J]. Operations Research, 2015, 63(1): 212 - 232.

[52] Belobaba P, Wilson J. Impacts of yield management in competitive airline markets[J]. Journal of Air Transport Management, 3: 3 - 9.

[53] Li M Z F, Oum T H. Seat allocation game on flights with two fares[C]// Proceedings of Nanyang Business School.

[54] Li M Z, Oum T H, Anderson C K. An airline seat allocation game[J]. Journal of Revenue & Pricing Management, 2007, 6(4): 321 - 330.

[55] Li M Z, Zhang A, Zhang Y. Airline seat allocation competition[J]. International Transactions in Operational Research, 2008, 15(4): 439 - 459.

[56] Netessine S, Shumsky R A. Revenue management games: Horizontal and vertical competition[J]. Management Science, 2005, 51(5): 813 - 831.

[57] Brumelle S, Walczak D. Dynamic airline revenue management with multiple semi-Markov demand[J]. Operations Research, 2003, 51(1): 137 - 148.

[58] Yang J, Xia Y. A nonatomic-game approach to dynamic pricing under competition[J]. Production and Operations Management, 2013, 22(1): 88 -103.

[59] Lin K Y, Sibdari S Y. Dynamic price competition with discrete customer choices [J]. European Journal of Operational Research, 2009, 197(3): 969 - 980.

[60] Hu R, Xia H, Jiang Y. Complex dynamics for airlines' price competition with differentiation strategy[J]. Journal of Transportation Systems Engineering and Information Technology, 2013, 13(1): 11 - 16.

[61] Gallego G, Hu M. Dynamic pricing of perishable assets under competition[J]. Management Science, 2014.

[62] Zhao X, Atkins D. Strategic revenue management under price and seat inventory competition[D]. Sauder School of Business, University of British Columbia, Canada.

[63] Chen X, Deng X, Teng S H. Settling the complexity of computing two-player Nash equilibria[J]. Journal of the ACM (JACM), 2009, 56(3): 14.

[64] Schütz H J, Kolisch R. Approximate dynamic programming for capacity allocation in the service industry[J]. European Journal of Operational Research, 2012, 218(1): 239 - 250.

[65] Zhang D, Adelman D. An Approximate Dynamic Programming Approach to Network Revenue Management with Customer Choice. 2006.

[66] 陈慧，魏铁华，胡奇英. 基于竞争的航班座位分配问题研究[J]. 管理学报，2008，

5(2)：193－198.

[67] 汪瑜，孙宏. 竞争环境下航班舱位控制博弈模型[J]. 交通运输工程学报，2009，1：9.

[68] 罗利，彭际华. 竞争环境下的民航客运收益管理动态定价模型[J]. 系统工程理论与实践，2007，(11)：15－25.

[69] 罗利，萧柏春. 航空客运平行航班动态定价模型[J]. 中国管理科学，2012，20(3)：104－111.

[70] Feng B, Yanzhi L, Zuo-Jun S. Air cargo operations: Literature review and comparison with practices[J]. Transportation Research Part C, 2015, 56: 263－280.

[71] Kasilingam R G. An economic model for air cargo overbooking under stochastic capacity[J]. Computers & Industrial Engineering, 1997, 32(1): 221－226.

[72] Popescu A, Keskinocak P, Johnson E, et al. Estimating air-cargo overbooking based on a discrete show-up-rate distribution[J]. Interfaces, 2006, 36(3): 248－257.

[73] Wang Y J, Kao C S. An application of a fuzzy knowledge system for air cargo overbooking under uncertain capacity[J]. Computers & Mathematics with Applications, 2008, 56(10): 2666－2675.

[74] Qin C, Luo L, You Y, et al. An optimization model of the single-leg air cargo space control based on markov decision process[J]. Journal of Applied Mathematics. 2012.

[75] Totamane R, Dasgupta A, Rao S. Air cargo demand modeling and prediction [J]. Systems Journal, IEEE, 2014, 8(1): 52－62.

[76] Amaruchkul K, Cooper W, Gupta D. Single-leg air-cargo revenue management [J]. Transportation Science, 2007, 41(4): 457－469.

[77] Amaruchkul K, Cooper W L, Gupta D. A note on air-cargo capacity contracts [J]. Production and Operations Management, 2011, 20(1): 152－162.

[78] Han D L, Tang L C, Huang H C. A Markov model for single-leg air cargo revenue management under a bid-price policy[J]. European Journal of

Operational Research, 2010, 200(3): 800 - 811.

[79] Huang K, Chang K. An approximate algorithm for the two-dimensional air cargo revenue management problem[J]. Transportation Research Part E: Logistics and Transportation Review, 2010, 46(3): 426 - 435.

[80] 李玉,罗利. 随机需求下航空货运收益管理舱位分配优化模型研究[J]. 统计与决策,2008,18: 68 - 70.

[81] 肖永禧,罗利. 航空货运收益管理超售决策问题研究[J]. 中国商贸,2010,29: 126 - 127.

[82] Alexander A, Joern M. Railway Revenue Management: Overview and Models [J]. Working Paper, 2010, 41(4): 457 - 469. Available at http://www. www. meiss. com.

[83] Kraft E, Srikar B, Philips R. Revenue management in railroad applications[J]. Transportation Quarterly, 2000, 54: 157 - 176.

[84] Hood I S A. Model to evaluate revenue and loadings for intercity[C]//Ingold A, Yeoman I, McMahon-Beattie U, (eds.). Proceedings of Yield Management: Strategies for the Service Industries. Thomson, 2000: 98 - 110.

[85] Rohit B, Narayan R. Revenue management in railway operations: A study of the Rajdhani Express, Indian Railways[J]. Transportation Research Part A: Policy and Practice, 2008, 42(9): 1195 - 1207.

[86] Abe I. Revenue Management in the railway industry in Japan and portugal: a stakeholder approach [D]. Cambridge, MA: Massachusetts Institute of Technology, 2007.

[87] 蓝伯雄,张力. 高速铁路客运专线的收益管理模型[J]. 中国管理科学,2009, 17(4): 52 - 59.

[88] 单杏花. 铁路客运收益管理模型应用研究[D]. 北京: 中国铁道科学研究院,2012.

[89] Carroll W J, Grimes R C. Evolutionary change in product management: experiences in the car rental industry[J]. Interfaces, 1995, 25(5): 84 - 104.

[90] Geraghty M K, Johnson E. Revenue management saves national car rental[J].

Interfaces, 1997, 27(1): 107 - 127.

[91] Julian E P. Strategic and tactical fleet planning for the car rental industry[D]. Coral Gables, USA: University of Miami, 2000.

[92] Julian E P, Eleftherios I, Chi I. A synthesis of tactical fleet planning models for the car rental industry[J]. IIE Transactions, 2003, 35(9): 907 - 916.

[93] Julian E P, Eleftherios I, Ip C. Vehicle fleet planning in the car rental Industry [J]. Journal of Revenue and Pricing Management, 2006, 5(3): 221 - 236.

[94] Anderson C K, Davison M, Rasmussen H. Revenue management: A real options approach[J]. Naval Research Logistics, 2004, 51(5): 686 - 703.

[95] Evise K. Revenue management in the car rental industry[D]. London, Canada: University of Western Ontario, 2005.

[96] Zhu J S. Using Turndowns to estimate the latent demand in a car rental unconstrained demand forecast[J]. Journal of Revenue and Pricing Management, 2006, 4(4): 344 - 353.

[97] Hong W C, Lai Y J, Pai P F. Composite of support vector regression and evolutionary algorithms in car-rental revenue forecasting[C]//Proceedings of the IEEE Congress on Evolutionary Computation. 2872 - 2878.

[98] Hertz A, D S, N Z. A solution method for a car fleet management problem with maintenance constraints[J]. Journal of Heuristics, 2009, 15(5): 425 - 450.

[99] Li Z, Tao F. On determining optimal fleet size and vehicle transfer policy for a car rental company[J]. Computers & Operations Research, 2010, 37(2): 341 -350.

[100] George G, Christopher S T. Optimal reservation policies and market segmentation [J]. International Journal of Production Economics, 2014, 154: 81 - 89.

[101] Beatriz O, Maria C, José O, et al. A relax-and-fix-based algorithm for the vehicle-reservation assignment problem in a car rental company[J]. European Journal of Operational Research, 2014, 237: 729 - 737.

[102] 王仙凤,郝红星. 考虑汽车租赁公司维修能力的汽车调度研究[J]. 计算机仿真, 2009,26(1): 256 - 259.

[103] 杨亚�. 基于收益管理的汽车租赁车队优化调度模型及算法研究[D]. 广州：华南理工大学，2010.

[104] Klassen K J, Rohleder T R. Scheduling outpatient appointment in a dynamic environment[J]. Journal of Operations Management, 1996, 14: 83-101.

[105] Gupta D, Denton B. Appointment scheduling in health care: Challenges and opportunities[J]. IIE Transactions, 2008, 40: 800-819.

[106] Gupta D, Wang L. Revenue management for a primary-care clinic in the presence of patient choice[J]. Operations Research, 2008, 56(3): 576-592.

[107] LaGanga L R, Lawrence S R. Clinic overbooking to improve patient access and increase provider productivity[J]. Decision Sciences, 2007, 38: 251-276.

[108] Zeng B, Turkcan A, Lin J, et al. Clinic schedul-ing models with overbooking for patients with heterogeneous no-show probabilities[J]. Annals of Operation Research, 2007, 178: 121-144.

[109] Ratcliffe A, Gilland W, Marucheck A. Revenue management for outpatient appointments: joint capacity control and overbooking with class-dependent no-shows [J]. Flexible Services and Manufacturing Journal, 2011, 24(4): 516-548.

[110] 彭迎春，董斯彬，常文虎. 运用排队论模型测量医院门诊流程效率[J]. 中华医院管理，2005，21(12)：806-809.

[111] 韩新焕，朱萌纾，吴静. 医院管理系统中排队模型的优化决策分析[J]. 医学数学模型探讨，2008，21(1)：16-18.

[112] 卢林发，牛瑛. 一种优化的预约排队算法分析及实现[J]. 现代医院，2009，9(11)：92-96.

[113] 陈超，林琦. 能力分配模型在中国社区医院病房管理中的应用[J]. 清华大学学报，2010，50(6)：961-964.

[114] 罗太波，罗利，刘姿. 基于收益管理方法的医院门诊预约挂号优化模型[J]. 系统工程，2011，29(9)：78-84.

[115] 姜博文，阎崇钧. 可加班门诊预约能力分配问题的期望方差模型[J]. 系统工程

学报，2015，30(2)：259－268.

[116] Wang X L, Heo C Y, Schwartz Z, et al. Revenue management: Progress, challenges, and research prospects [J]. Journal of Travel & Tourism Marketing, 2015, 32: 797－811.

[117] Kimes S E. Yield Managerment: A tool for capacity-constrained service firms [J]. Journal Operations Management, 1989, 8(4): 348－363.

[118] Weatherford L R, Ratliff R M. Review of revenue management methods with dependent demands[J]. Journal of Revenue & Pricing Management, 2010, 9 (4): 326－340.

[119] Gallego G, Stefanescu C. Upgrades upsells and pricing in revenue management [J]. Available at SSRN 1334341.

[120] Pfeifer P E. The airline discount fare allocation problem[J]. Decision Sciences, 1989, 20(1): 149－157.

[121] Wen Z, Yu-Sheng Z. A dynamic model for airline seat allocation with passenger diversion and no-shows[J]. Transportation Science, 2001, 35: 80－98.

[122] Cooper W L, Li L. On the use of buy up as a model of customer choice in revenue management [J]. Production and Operations Management, 2012, 21(5): 833－850.

[123] Fiig T, Isler K, Hopperstad C, et al. A unified theory of O&D optimization in a mixed network with restricted and unrestricted fare products[C]//Proceedings of South Africa: Agifors RM and Distribution Study Group Meeting.

[124] Vanamalla V S, Parthasarathy R. Incentive mechanism to control customer buy-down behaviour[J]. Journal of the Operational Research Society, 2010, 62(8): 1566－1573.

[125] Cooper W L, Mello T, Kleywegt A J. Models of the spiral-down effect in revenue management[J]. Operations Research, 2006, 54(5): 968－987.

[126] 周晶，杨慧. 收益管理方法与应用[M]. 北京：科学出版社，2009.

[127] Belobaba P, Hopperstad C. Alternative RM algorithms for unrestricted fare

structures[C]//Proceedings of AGIFORS Reservations and Yield Management Study Group Meeting, Auckland, New Zealand, 2004.

[128] Diwan S. Performance of Dynamic Programming Methods in Airline Revenue Management [D]. Cambridge, MA: Massachusetts Institute of Technology, 2010.

[129] Phillips R L. Pricing and Revenue Optimization[D]. Stanford, California: An imprint of Stanford University Press, 2005.

[130] Feldman J M. To rein in those CRSs[J]. Air Transport world, 1991, 28(12): 89 - 92.

[131] 陈剑,肖勇波,刘晓玲,等. 基于乘客选择行为的航空机票控制模型研究[J]. 系统工程理论与实践,2006,1: 65 - 75.

[132] Chen S, Gallego G, Li M Z F, et al. Optimal seat allocation for two-flight problems with a flexible demand segment[J]. European Journal of Operational Research, 2010, 201(3): 897 - 908.

[133] Jiang H, Pang Z. Network capacity management under competition [J]. Computational Optimization and Applications, 2011, 50(2): 287 - 326.

[134] Grauberger W, Kimms A. Computing approximate Nash equilibria in general network revenue management games [J]. European Journal of Operational Research, 2014, 237(3): 1008 - 1020.

[135] Feigenbaum B. High-speed rail in europe and asia: Lessons for the united states [J]. Policy Study 418. Technical report, Reason Foundation, 2013.

[136] Bertsimas D, de Boer S. Simulation-based booking limits for airline revenue management[J]. Operations Research, 2005, 53(1): 90 - 106.

[137] Cooper W, DGupta. Stochastic comparisons in airline revenue management[J]. Manufacturing & Service Operations Management, 2006, 8(3): 221 - 234.

[138] Cooper W, Mello T H. Some decomposition methods for revenue management [J]. Transportation Science, 2007, 41(3): 332 - 353.

[139] Barnhart C, Farahat A, Lohatepanont M. Airline fleet assignment with

enhanced revenue modeling[J]. Operations Research, 2009, 57(1): 231-244.

[140] Zhang A, Fu X, Yang H. Revenue sharing with multiple airlines and airports[J]. Transportation Research Part B: Methodological, 2010, 44(8): 944-959.

[141] Lan Y, Ball M O, Karaesmen I Z. Regret in overbooking and fare-class allocation for single leg[J]. Manufacturing & Service Operations Management, 2011, 13(2): 194-208.

[142] Bharill R, Rangaraj N. Revenue managemnet in railway operations: a study of the rajdhani express, indian railways[J]. Transporation Research Part A, 2008, 42: 1195-1207.

[143] You P S. An efficient computational appraoch for railway booking problems[J]. European Journal of Operational Research, 2008, 185(2): 811-824.

[144] Armstrong A, Meissner J. Railway revenue management: overview and models. Working Paper 035, Lancaster University. Technical report, Working Paper 035, Lancaster University, 2010.

[145] Dutta G, Ghosh P. A passenger revenue management system (rms) for a national railway in an emerging asian economy[J]. Journal of Revenue and Pricing Management, 2012, 11: 487-499.

[146] Cirillo P, Hetrakul P. Passenger demand model for railway revenue management[J]. Technical report, 2011.

[147] Hetrakul P, Cirillo C. Accommandting taste heterogeneity in railway passenger choice models based on internet booking data[J]. The Journal of Choice Modelling, 2013, 6(1): 1-16.

[148] Crevier B, Cordeau J F, Savard G. Integrated operations planning and revenue management for rail freight transporation[J]. Transportation Research Part B: Methodological, 2012, 46(1): 100-110.

[149] Corporation C R. Statistical information on national railway[R/OL][2014-05]. http://www.china-railway.com.cn/gkl/tjxx/.

[150] Bradsher K. Speedy trains trans form China[R/OL][2013-09]. http://www.

nytimes. com/2013/09/24/business/global/\ high-speed-train-system-is-huge-success-for-china. html.

[151] Wikipedia. Beijing-Shanghai high-speed railway[EB/OL]. [2014 - 10]. http://en. wikipedia. org/wiki/Beijing-Shanghai High-Speed Railway.

[152] Chinacom. Beijing-Shanghai high-speed railway: Set the example of high-speed railway in China[R]. 2014, 1.

[153] Hane C A, Barnhart C, Johnson E L, et al. The fleet assignment problem: Solving a largescale integer program[J]. Mathematical Programming, 1995, 70(1 - 3): 211 - 232.

[154] Sherali H, Bish E, Zhu X. Airline fleet assignment concepts, models and algorithms[J]. European Journal of Operational Research, 2006, 172(1): 1 - 30.

[155] Dumas J, Aithnard F, Soumis F. Improving the objective function of the fleet assignment problem[J]. Transportation Research Part B: Methodological, 2009, 43(4): 466 - 475.

[156] Liang Z, Chaovalitwongse W A. A network-based model for the integrated weekly aircraft maintenance routing and fleet assignment problem [J]. Transportation Science, 2013, 47(4): 493 - 507.

[157] Cordeau J F, Desaulniers G, Lingaya N, et al. Simultaneous iocomotive and car assignment at VIA Rail Canada [J]. Transportation Research Part B: Methodological, 2001, 35(8): 767 - 787.

[158] Lingaya N, Cordeau J F, Desaulniers G, et al. Operational car assignment at VIA Rail Canada[J]. Transportation Research Part B: Methodological, 2002, 36(9): 755 - 778.

[159] Cacchiani V, A Caprara P T. Solving a real-world train-unit assignment problem[J]. Mathematical Programming, 2010, 124(1 - 2): 207 - 231.

[160] Maxon T. The biggest airline has the biggest profit[EB/OL][2015]. http://www. dallasnews. com/business/airline-industry/20150127 - american-airlines-

reports - 4 - billion-in - 2014 - profit. ece.

[161] Chiu T J. Air China's Profit Rose 14% in 2014[EB/OL][2015]. http://www.wcarn.com/news/42/42678.html.

[162] Cantle K. China Eastern reports net profit up 45% in 2014[EB/OL][2015]. http://atwonline.com/finance-data/china-eastern-reports-net-profit - 45 - 2014.

[163] Writer S. Air Berlin profit falls more than 50%[EB/OL][2014]. http://www.wsj.com/articles/air-berlin-profit-falls-more-than - 50 - 1415817171.

[164] Zhe L, Wanpracha C. A network-based model for the integrated weekly aircraft maintenance routing and fleet assignment problem[J]. Transportation Science, 2013, 47(4): 493 - 507.

[165] Kliewer C S W K. Improving revenue by system integration and co-operativer optimization[R]. 2002.

[166] Williamson E. Airline nwtwork seat inventory control: Methodologies and revenue impacts[D]. Cambridge, MA: Massachusetts Institute of Technology, 1992.

[167] Kniker T. Itinerary-based airline fleet assignment[D]. Cambridge, MA: Massachusetts Institute of Technology, 1998.

[168] Farkas A. The influence of network effects and yield management on airline fleet assignment decisions[D]. Cambridge, MA: Massachusetts Institute of Technology, 1996.

[169] Lohatepanont M, Barnhart C. Airline schedule planning: Integrated models and algorithms for schedule design and fleet assignment[J]. Transportation Science, 2004, 38(1): 19 - 32.

[170] Vaze V, Barnhart C. Modeling airline frequency competition for airport congestion mitigation[J]. Transportation Science, 2012, 46(4): 512 - 535.

[171] Pita J P, Cynthia B, António P A. Integrated flight scheduling and fleet assignment under airport congestion[J]. Transportation Science, 2013, 47(4): 477 - 492.

后 记

本书根据笔者的博士学位论文改写而成。

回顾三年多的博士生活的点点滴滴，心中倍感充实，感慨良多。我要衷心感谢在我求学和论文写作过程中给予诸多关心、支持和帮助的各位老师、同学、家人和朋友。

首先感谢我的导师霍佳震教授，感谢霍老师在众多的应试者中给予我这次求学圆梦的机会。感谢霍老师对我学业的指导和生活的关心，这是我今天能顺利完成论文的前提。霍老师给予了我最好的科研训练，这不仅培养了我独立思考的能力，而且也一直激励着我前行。感谢霍老师为我提供一切校内外资源，使我能得到最专业的帮助和最前沿的行业动态及数据，确保我的研究课题得以顺利进行。霍老师在讨论问题时敏锐的科研洞察力，一针见血地指出问题所在，让我在学术研究上少走了很多弯路。霍老师还鼓励我开阔眼界、多与外界接触，给予我机会参加各种学术会议和研讨活动。霍老师严谨的治学态度、渊博的学识和师者的风范将使我受用一生。

感谢我的另一位导师梁哲教授，梁老师在我的求学过程中扮演了重要的角色。梁老师以全面系统的专业知识和高超的专业研究水平对我倾囊相授。在学术研究上，梁老师给予我细致、耐心的指导，他花费了大量的时间和精力同我一起讨论问题，每次与梁老师讨论之后，都能得到很大的启发。梁老师对学术研究的热情和严谨，将始终鼓励着我在以后的道路上不断追求进步。

感谢同济大学经管学院段永瑞教授在论文逻辑关系编排上的修改建议，让文章各章节连接更加紧密；感谢经管学院唐老师、兀老师、班主任曹老师等各位老师在我课程学习及研究中给予的指导和关心；感谢同济大学研究生院对本人参加国际学术会议的资助。

感谢汪达钦师兄在论文撰写及排版中给予的建议和帮助；感谢我的同门程东波、丁锋和王伟迪博士，陈军博士后，还有硕士研究生徐焰、朱利凯和徐红鸣，感谢他们在我求学过程中给予的学习和生活上的帮助。

感谢我的父亲、母亲，在生活艰苦的年代，坚持供我读书，几十年如一日地支持和帮扶我，使我成为知识改变命运的受益者。感谢我的公公、婆婆在我读博期间给予的生活上的照料。感谢我的兄弟姐妹，没有你们的理解、支持与鼓励，没有你们对父母照顾的分担，我就不可能如此安心地完成博士阶段的学习。

十年前在我的硕士毕业论文里感谢了我的男友陈军健先生，十年后在我的博士论文里更要感谢我的爱人陈军健先生。感谢他理解、体贴、关心和支持我的工作，并在我本书程序实现方面给予了极大的帮助；感谢他承担了生活上大部分的压力和对孩子的教育与陪伴，使我有充裕的时间安心从事论文写作。

感谢我的儿子，感谢他带给我无穷的快乐和欢笑，给予我机会和他一同成长。

最后还要感谢我自己，感谢自己在遭遇重创之后能快速地调整自己，投入到正常的学习生活当中，顶着巨大的压力完成学业。希望今后的我依然能保持求知好学、刻苦努力的精神，走好人生每一步。

感谢所有曾审阅过我的投稿论文的审稿人，每一次的审稿意见都会使我的论文增色不少，从中受益匪浅。

感谢在百忙之中抽出宝贵时间为我审阅论文的专家和老师！

另外，我的研究工作得到国家自然科学基金面上项目（项目编号：71371140）和国家自然科学基金优秀青年科学基金项目（项目编号：71422003）的资助，在此一并感谢。

秦　瑛